« communiqué »

practice for the CSE and 16+ examination

David Sprake

Head of Modern Languages
Wheatley Park School

Oxford University Press

Oxford University Press, Walton Street, Oxford OX2 6DP

Oxford London
New York Toronto Melbourne Auckland
Kuala Lumpur Singapore Hong Kong Tokyo
Delhi Bombay Calcutta Madras Karachi
Nairobi Der es Salaam Cape Town
and associated companies in
Beirut Berlin Ibadan Mexico City Nicosia

Oxford is a trade mark of Oxford University Press
© Oxford University Press 1982
First published 1982
Reprinted 1982 twice, 1984, 1985
ISBN 0 19 832386 7

Acknowledgements

Illustrations are by Graham Higgins.

The publishers would like to thank the following examinations boards for permission to include questions from previous examination papers:
Associated Lancashire Schools Examining Board (ALSEB)
East Anglian Examinations Board (EAEB)
Middlesex Regional Examining Board (MREB)
North-West Regional Examinations Board (NWREB)
South-East Regional Examinations Board (SEREB)
Southern Regional Examinations Board (SREB)
South Western Examinations Board (SWEB)
West Midlands Examinations Board (WMEB)
West Yorkshire and Lindsay Regional Examining Board (WYLREB)
Yorkshire Regional Examinations Board (YREB)
Joint 16+ Examinations – ALSEB, JMB, WYLREB, and YREB (Joint 16+)

The cover shows the word «communiqué» spelt out in semaphore. One of the earliest forms of semaphore was invented by a Frenchman, Claude Chappé, in 1792.

Phototypeset by Tradespools Limited, Frome, Somerset
Printed in Great Britain by Spottiswoode Ballantyne Printers Ltd, Colchester and London

Preface

«Communiqué» was planned as a companion volume to «communications» and intended to be used with it, in parallel or sequentially, to form a complete two-year course for pupils studying for the CSE or 16+ examination in French. When the two are used together, there is considerable 'carry-over' in terms of vocabulary and subject matter. However, «communiqué» will also be a useful complement to any similar CSE course.

I don't know how many of my modern languages colleagues share my feelings of guilt when engaged in examination practice work, but most of them would, I think, agree that some practice in examination-type materials and examination technique is necessary. «Communiqué» contains practice materials based on the formats of the CSE and 16+ questions most widely set by the various boards. In each section the difficulty of the items is graded from the relatively simple to the very demanding. Most of the items are original, but each section includes a few 'real' items from past papers.

However, «communiqué» is more than just a collection of examination-type materials. Advice is given on how to tackle the various types of question and avoid the worst pitfalls. There are, in some cases, preliminary exercises, help in the form of suggested answers or approaches, suggested vocabulary, and so on. Indeed, the materials as a whole are planned to introduce pupils to a wide range of useful vocabulary and phrases, and much of the book can, I hope, be considered as a valuable teaching tool in its own right. It is hoped, therefore, that colleagues will not restrict themselves to using only those items which meet the requirements of their own particular examinations board.

The tape and cassette which accompany «communiqué» contain the listening comprehension material, a transcript of which is given in the teacher's section. All the short items from sections A–D are recorded twice; the longer passages and dialogues from sections E and F are recorded once but should be played twice.

My thanks must go to my friend and colleague Claude Perroy, whose advice and help in checking my French were invaluable.

Contents

Conversation

Points to remember

1 The main thing to remember is that, for most 'conversation' questions, there is no single correct answer. The object of the exercise is to answer the examiner's questions as fully, naturally, and interestingly as possible. Try to get into the habit of thinking 'What does this question give me the opportunity of saying?' Try not to think in terms of a set answer to a question.

e.g. In answer to the question 'Est-ce que ton frère est plus âgé que toi?', you could answer:
'Oui.'
or 'Oui, c'est ça.'
or 'Oui, il est plus âgé que moi.'
You could also say:
'Oui, c'est ça, il est un peu plus âgé que moi. Il a dix-neuf ans. Il a quitté l'école – cette école – l'année dernière. Il travaille maintenant à l'aéroport comme porteur . . .' *etc.*

2 'Interestingly' does not mean that answers need be complicated. Keep your sentences short and simple. A good rule of thumb is never to make one sentence express more than one idea.

3 Avoid difficulties such as technical terms (e.g. occupations, job specifications). Simplify those things which you cannot translate easily. This can be done by describing rather than specifying:

e.g. If your father is a body shop foreman, say something like:
'Mon père travaille dans une usine où on fabrique des voitures.'

1

4 Remember that you do not have to be factually accurate. If something presents a problem, invent an alternative.

e.g. If your sister is doing a post graduate course in microbiology and soil science, you could simply say 'Elle est à l'université', or make up another job for her:

'Ma sœur est caissière chez Woolworth.'

5 When you prepare answers to questions, don't set out your answers in 'mini-composition' fashion. This may be easy to work out on paper, but it will be difficult to remember. Do it in note form. That way your answers will be more natural. There will be less chance of you 'drying up' in the middle of an answer, and it won't matter if you forget some of the details.

e.g. *Wrong*: 'J'ai un frère, Alan, qui a deux ans de plus que moi, c'est-à-dire dix-sept ans, et qui travaille dans un garage comme mécanicien . . .'.

Right: Alan – mon frère aîné
– plus âgé que moi/deux ans de plus que moi
– très grand/a les yeux bleus/les cheveux blonds
– travaille dans un garage
– travaille comme mécanicien

Conversation practice

The following section reviews some of the more common questions and gives you help with preparing answers to them. It avoids as far as possible 'one-for-one' question/answer situations by leaving some answers open-ended or with words or phrases in brackets for which you can provide your own alternatives. Some useful extra vocabulary is also given. The '**vous**' form is used for the questions, although some teachers may choose to use the '**tu**' form.

Vous et votre famille

Comment vous appelez-vous?
    Je m'appelle . . . . . . /Mon nom est . . . . . .
Quel âge avez-vous?
    J'ai . . . . . . ans.
Combien de frères/sœurs avez-vous?
    J'ai . . . . . . frères/sœurs.
    Je n'ai qu'un(e) frère/sœur.
    Je n'ai ni frères ni sœurs. Je suis enfant/fils/fille unique.

2

Que fait votre père/mère dans la vie? Quel est le métier de votre père/mère?
>Il/Elle est ...... (ingénieur/ménagère, *etc.*)
>Il/Elle travaille ...... (à la maison/dans un bureau/chez Ford, *etc.*)
Parlez-moi un peu de votre famille.

Mon frère/Ma sœur	s'appelle(nt) ......
Mes frères/Mes sœurs	a/ont ...... ans.
	va/vont toujours à l'école.
	ne va/vont pas encore à l'école.
	vient/viennent à cette école.
	a/ont quitté l'école.
	travaille(nt) ......
Mon frère/Ma sœur	(n')est (pas encore) fiancé(e)/marié(e).
	a ...... enfant(s).

>Nous avons/On a ...... (une grande maison/un grand jardin, *etc.*)

fermier	employé(e)	de banque	sténodactylo
docteur		des chemins de fer	un magasin
dentiste		des P.T.T.	un atelier
plombier	coiffeuse		une usine
mineur	infirmière		une agence (immobilière)
secrétaire	vendeuse		en plein air

La maison

Où habitez-vous?
>J'habite une maison/un appartement en ville/à la campagne/en banlieue.
>On habite près de ...... /loin de ...... /à côté de ...... /à un kilomètre de ...... /entre ...... et ......
Comment est le village/la ville que vous habitez?
>Dans notre village/ville il (n')y a (pas de) ......
>Il y a ...... habitants.
Décrivez votre maison. Comment est-elle?
>Elle est petite/moyenne/grande/énorme.
>Elle a/Il y a ...... pièces.
>Dans (la cuisine, etc.) il y a ......

Au rez-de-chaussée	il y a/se trouve(nt) ......
Au premier étage	

>J'ai une chambre à moi/Je partage une chambre avec ......
>(Ma chambre/Le salon, etc.) donne sur ......

3

Comment est le jardin?

    C'est un grand/petit jardin

    Dans le jardin il y a ......

    Mon père y cultive ......

    Devant/Derrière la maison il y a ......

Avez-vous des animaux domestiques? Un chat, peut-être?

    Oui, nous avons ......

    Non, | nous n'avons pas de ......

          | nous n'en avons pas.

le hall d'entrée	les fruits	une pharmacie	une poissonnerie
la salle à manger	les fleurs	une quincaillerie	un supermarché
la salle de bain(s)	les arbustes	un marchand de	un hypermarché
les W.C.	une serre	fruits/légumes	une banque
un jardin potager	une piscine	un bureau de	un cinéma
un arbre (fruitier)	un centre sportif	poste	un chien
une pelouse	un jardin public	une boulangerie	un lapin
les légumes	une épicerie	une boucherie	un cobaye

La date/Le jour/L'heure/Le temps

Quelle est la date aujourd'hui?

    Aujourd'hui c'est le premier (deux, *etc.*) mars, *etc.*

Quel jour sommes-nous aujourd'hui?

    Nous sommes/On est (mardi, *etc.*) aujourd'hui.

Quelle heure est-il?

    Il est | (dix heures, *etc.*) du matin.

          | (cinq heures et demie, *etc.*) du soir.

Quel temps fait-il?

    Il | fait (un peu) froid/(très) chaud, *etc.*

      | pleut/neige.

    Il y a du brouillard/des nuages, *etc.*

janvier	juillet	lundi	dimanche	
février	août	mardi	faire	beau
mars	septembre	mercredi		mauvais
avril	octobre	jeudi		frais
mai	novembre	vendredi	y avoir	du soleil
juin	décembre	samedi		du vent

4

L'école

Comment venez-vous à l'école?
>Je viens à pied/en car/en autobus/à vélo.
>Mon père/Ma mère m'amène à l'école en voiture.

Comment est votre école?
>Il y a ...... cents élèves.
>C'est une école de garçons/de filles/mixte.

Aimez-vous l'école?
>Beaucoup/Pas particulièrement/Pas du tout.

Et les matières que vous étudiez?
>J'aime/Je n'aime pas (le français, *etc.*)
>J'adore (l'histoire, *etc.*)
>Je déteste (les maths, *etc.*)
>Je suis fort(e)/faible/nul(le) en (sciences, *etc.*)

Parlez-moi un peu | d'une journée typique à l'école.
                     | de la vie scolaire.

>A l'école on doit porter ......
>Il y a ...... cours chaque jour.
>Les cours commencent à ...... heures et se terminent(nt) à ...... heures.
>La récréation dure ...... minutes.
>Il y a (environ trente) profs.
>Les profs sont (très) sympathiques/(assez) stricts/désagréables.

un pantalon	des chaussures	la biologie
une jupe	un veston	la physique
une cravate	l'éducation religieuse	la chimie
une robe	la géographie	le dessin (industriel)
un pull(over)	l'anglais	les travaux pratiques
des chaussettes	la littérature anglaise	les langues modernes
une chemise	la gymnastique	les sports

La routine journalière

Que faites-vous le matin avant de venir à l'école?
>Je me lève.
>Je vais dans la salle de bains pour me laver.
>Je m'habille.
>Je descends dans la cuisine et je prends le petit déjeuner.
>Je me mets en route pour l'école.

5

Qu'avez-vous fait ce matin?
  Je me suis levé(e) à ...... heures.
  Je me suis lavé(e).
  J'ai mis mon uniforme.
  J'ai mangé avec mes parents.
  Je suis parti(e) pour l'école.
  J'y suis arrivé(e) vers ...... heures ......
Qu'est-ce que vous allez faire ce soir en arrivant chez vous?
  Je vais | prendre le goûter.
          | me changer.
          | faire mes devoirs.
          | écouter des disques.
          | téléphoner à mon copain/ma copine.

se réveiller		se reposer	chercher	ses affaires
prendre	un bain	se relaxer	ranger	
	une douche	lire	se déshabiller	

Les passe-temps/Les loisirs

Est-ce que vous jouez d'un instrument?
  Non, je ne suis pas musicien(ne).
  Oui, je joue (du piano, *etc.*)
Aimez-vous le sport?
  Non, je ne suis pas (du tout) sportif/sportive.
  Oui, j'aime regarder (le tennis, *etc.*)
  Oui, je joue (au tennis, *etc.*)
Que faites-vous le soir/le week-end?
  Je | reste chez moi à regarder la télé.
     | fais mes devoirs.
     | sors avec mes copains/copines.
  On va (au cinéma, *etc.*)
Vous allez souvent au cinéma?
  J'y vais (rarement/quelquefois/souvent/deux fois par mois/toutes les
  semaines, *etc.*)
Quels films préférez-vous?
  Je préfère | les films | de James Bond.
  J'aime | | d'espionnage.
  Je n'aime pas | | d'amour, *etc.*
  Je déteste

Quelles émissions regardez-vous le plus souvent?

Je préfère regarder	les émissions pour les jeunes.
Je regarde rarement	les actualités.
Je ne regarde jamais	les feuilletons.

Quels passe-temps avez-vous?

J'aime (lire/nager, *etc.*)

Je m'intéresse (au sport/à la musique pop/aux animaux, *etc.*)

Je fais (du cheval/du vélo, *etc.*)

Est-ce que vous recevez de l'argent de poche?

Non, mes parents ne m'en donnent pas.

Oui, mon père/ma mère me donne ...... livre(s) par semaine.

Oui, mais je travaille aussi pour gagner de l'argent en plus; je travaille (dans un supermarché le samedi, *etc.*)

Comment dépensez-vous votre argent?

J'achète (des disques/des vêtements, *etc.*)

Qu'est-ce que vous portez le week-end?

Je porte (un jean, *etc.*)

le patinage	le foot(ball)	le ping-pong	la lecture
le cyclisme	le rugby	les fléchettes	la piscine
le ski	le hockey	le billard	le club/foyer de jeunes
le judo	le volant	le cheval	un blouson
l'équitation	le volley(ball)	la natation	des bottes/boots

Les voyages/Les vacances

Où allez-vous en vacances d'habitude?

D'habitude	nous allons	en Allemagne.
Généralement	on va	dans la Région des Lacs.
		dans le nord du Pays de Galles.
		à Paris.

Et l'année dernière?

Nous sommes allés (en Espagne, *etc.*)

Comment avez-vous voyagé?

On y est allé en voiture/par le train/en avion.

Parlez-moi de vos vacances de l'an dernier.

Nous sommes/On est parti(s) en vacances (le trois août, *etc.*)

Nous sommes/On est allé(s) (à Paris/au bord de la mer, *etc.*)

Nous y sommes/On y est resté(s) (deux semaines, *etc.*)

Nous avons/On a fait une/des excursion(s) (à Versailles, *etc.*)

Nous avons/On a | séjourné dans un hôtel/une pension.
| fait du camping/caravaning.

C'était un voyage organisé; on voyageait en car et descendait dans des hôtels.

Avez-vous été en France?

Non, je n'y ai jamais été/je n'y suis jamais allé(e).

Oui, j'y suis allé(e) | une fois/plusieurs fois.
| l'an dernier/il y a deux ans.

Oui, | j'y suis resté(e)/j'y ai passé (une journée, *etc.*)
| j'y ai fait un séjour de ...... jours.

J'ai participé à un échange scolaire quand j'étais en deuxième année/ quand j'avais quatorze ans.

Je suis allé(e) dans (le sud, *etc.*) de la France.

Quels projets de vacances avez-vous pour cette année/l'année prochaine?

On va/espère aller (à l'étranger, *etc.*)

en bateau	huit jours	à la montagne	le sud
en hovercraft	quinze jours	à la campagne	le nord
la Manche	une quinzaine	en famille	l'est
une huitaine	(de jours)	une colonie	l'ouest
(de jours)	un mois	de vacances	le nord-est, *etc.*

L'avenir

Qu'est-ce que vous allez faire quand vous aurez quitté l'école?

Je ne sais pas encore.

Je vais | être | (secrétaire, *etc.*)
J'espère | devenir
| travailler comme |

J'ai l'intention de travailler | à Londres.
| à l'étranger.
| dans un bureau, *etc.*

J'aimerais | continuer mes études.
| aller à l'université pour étudier (la médecine, *etc.*)

choisir un métier	passer un examen	faire un stage
trouver	un poste	rater	l'examen	suivre des cours (du soir)
	un emploi	réussir à		en milieu fermé
en (classe) terminale	obtenir un diplôme	au grand air

Role-play

Points to remember

1 If you are supposed to be talking to a 'correspondent' or 'friend', remember
to address him/her as '**tu**':
    'Est-ce que tu as l'heure?'
    'Attends-moi ici.'
If you are supposed to be talking to a 'stranger' or a grown-up such as
someone else's 'parent' or a 'teacher', remember to use '**vous**':
    'Est-ce que vous avez l'heure?'
    'Attendez-moi ici.'

2 Always be formal about addressing and taking leave of 'strangers'.
    'Pardon, monsieur, savez-vous . . .?'
    'Bonjour, madame, je cherche . . .'
    'Merci beaucoup, mademoiselle, et au revoir.'

3 Find the simplest possible way of carrying out the instructions. Role-play is
not a translation exercise, and there are usually several different, and
equally acceptable, ways of communicating the information. Here is an
example of this, using an actual examination question:

---

*You want to make a telephone call and go into a café. You talk to the
waiter.*

a   Ask him if you can use the telephone.
b   Ask him to give you a jeton.
c   Tell him you will have a cup of coffee when you have finished.

(SREB)

You will find below first a very correct, rather complicated way of communicating each point in French, and then some other, simpler expressions which put across the same ideas:

a   Pardon, monsieur, est-ce que je peux me servir de votre téléphone, s'il vous plaît?'
But you could have said:
     'Je peux téléphoner d'ici?'
     'Vous permettez, je peux téléphoner?'
     'Je voudrais téléphoner.'
     'J'ai besoin de téléphoner.'

b   'Pourriez-vous me donner un jeton, s'il vous plaît?'
But you could have said:
     'Je peux obtenir un jeton ici?'
     'Vous avez un jeton?'
     'J'ai besoin d'un jeton.'
     'Donnez-moi un jeton, s'il vous plaît.'

c   'Quand j'aurai fini de téléphoner, je prendrai un café.'
But you could have said:
     'Et après, je voudrais (prendre) un café.'
     'Et après, vous me donn(er)ez un café.'
     'Puis, donnez-moi un café.'
     'Ensuite, je vais prendre un café.'

Useful structures

Où est/sont . . . . . .? – Where is/are . . . . . .?
Où se trouve(nt) . . . . . .? – Where is/are . . . . . .(situated)?
Il y a . . . . . . – There is/are . . . . . .
Y a-t-il . . . . . .?/Est-ce qu'il y a . . . . . .? – Is/Are there . . . . . .?
Il n'y a pas/plus de . . . . . . – There isn't/aren't any (more) . . . . . .
Est-ce qu'il reste . . . . . .? – Is/Are there any . . . . . .left?
Il ne reste plus de . . . . . . – There isn't/aren't any . . . . . .left.
Je voudrais/J'aimerais . . . . . . – I'd like . . . . . .
Je vais/J'espère/Je compte + *inf.* – I'm going/hoping/expecting to . . . . . .
Donnez-moi/Donne-moi . . . . . ., s'il vous/te plaît – Please give me . . . . . .
Je prends/Je prendrai . . . . . ., – I'll take . . . . . .
J'ai besoin de . . . . . . – I need . . . . . .
Je cherche . . . . . . – I'm looking for . . . . . .

10

Avez-vous/As-tu . . . . . .? — Have you (got) . . . . . .?
Je n'ai plus de . . . . . . — I haven't any . . . . . .left.
Est-ce que je peux . . . . . . + *inf.?* — Can I . . . . . .?
Pour aller à/au/à la/à l'/aux . . . . . .? — How do I get to . . . . . .?
Est-ce que je dois . . . . . . + *inf.?* — Do I have to . . . . . .?
Pouvez-vous me recommander . . . . . .? — Can you recommend . . . . . .?
C'est combien, ce/cet/cette/ces . . . . . .? — How much is/are this/these
. . . . . .?
Je préfère/préférerais (ne pas) . . . . . . (+ *inf.*) — I('d) prefer (not) (to . . . . . .)
Où est-ce que/qu' . . . . . .? — Where . . . . . .?
Quand est-ce que/qu' . . . . . .? — When . . . . . .?
A quelle heure est-ce que/qu' . . . . . .? — At what time . . . . . .?
Pourquoi est-ce que/qu' . . . . . .? — Why . . . . . .?
Comment est-ce que/qu' . . . . . .? — How . . . . . .?
Pourriez-vous . . . . . . + *inf.?* — Would/Could you . . . . . .?
Quel(le)(s) . . . . . .? — Which . . . . . .?
J'ai mal au/à l'/à la/aux . . . . . . — My . . . . . . hurts

Role-play situations

This section reviews a number of topic areas and gives a wide variety of
practice in the sort of problems you will be required to deal with. Each
section begins with a typical examination role-play card. This is followed by
other information you may be required to give, or seek, in the same context.

1 Meeting people

> *You are on the cross-Channel ferry on your way to France. A*
> *Frenchman speaks to you. Your teacher will play the part of the*
> *Frenchman:*
>
> — Bonjour. Vous êtes Anglais(e)?
> — Greet him and say that yes, you are English.
> — Vous allez à Paris?
> — Say that you're not going to Paris. Say you're going to spend two
>   weeks in Dieppe with a French family.
> — Vous voyagez avec vos parents?
> — Say you're travelling alone and that your correspondent's family will
>   be meeting you at the port.

You meet a French person: Say hello. Say what your name is. Say how old you are.
Say that your brother and sister are with you in France. Say what their names are and how old they are.
Say where you come from. Say how long you have been in France and when you are leaving.
Ask what the person's name is. Ask how old he/she is, where he/she comes from and how long he/she is staying in England.

2 Arriving

> *You have just arrived at the home of the French family with whom you and your family are going to be staying. You are speaking to the father. Your teacher will play the part of the father:*
>
> — Vous êtes arrivés un peu plus tard que prévu, n'est-ce pas?
> — Say there was a lot of traffic and there were traffic jams in the town.
> — Vous avez faim, sans doute?
> — Say you all had a meal about two hours ago but that you'd like something to drink.
> — Je vais demander à ma femme de faire du café.
> — Ask whether you can have a wash or take a shower, and ask him to show you where the bathroom is.

French guests arrive at your home: Welcome them. Ask them in. Offer to take their cases, coats, etc. Invite them to sit down.
Ask whether they'd like to eat now or later. Offer them something to drink. Ask whether they had a good journey.
You arrive at the French person's home: Introduce your parents, brother, sister, friend, etc. Apologize for arriving late and give the reason (e.g. breakdown, traffic). Say you have some presents in your case; distribute them to the members of the French family.
Say you're tired and that you'd like to go to bed early.

3 In a French family/A French person staying with you

> *You are having breakfast with a French family. The mother is speaking to you. Your teacher will play the part of the mother:*

12

> — Tu as bien dormi?
> — Thank her and say that you were very tired yesterday evening and that you slept very well. Say the room is very nice and the bed comfortable.
> — Qu'est-ce que tu veux à manger et à boire?
> — Say you'd like rolls and butter, and a cup of tea.
> — Malheureusement nous n'avons pas de thé.
> — Say you have brought some tea with you for them and that you'd forgotten about it; it's in your case and you'll go and fetch it.
> — Merci, tu vas me montrer comment faire du bon thé anglais!

Ask whether the postman has been and whether there is any post for you.
Explain that you have forgotten to bring a towel and ask to borrow one.
Ask whether you can help (e.g. with the washing-up).
Say you're going to write a letter/card to your parents/aunt/friend, *etc.*
Ask where you can buy stamps/postcards nearby.
Say you're going out and will be back later/at 10 o'clock/in half an hour.
Answer a phone call; explain that you are the son's/daughter's correspondent; explain that the family is out and say when they will be back.
Say you'd like to go out this evening (e.g. to the cinema).
Ask whether you can watch the television.
Tell your correspondent there is a letter/card for him/her.
Ask your correspondent where he/she would like to go this evening/tomorrow/at the weekend. Ask whether he/she would like to go to a certain place with you (e.g. youth club).
Ask whether he/she has written to his/her parents yet.

4 In the street

> *You are in the street in a French town. You are speaking to a passer-by. Your teacher will play the part of the passer-by:*
>
> — Ask how to get to the swimming pool.
> — Vous allez tout droit.
> — Ask whether it's very far.
> — Oui, assez . . .à deux, trois kilomètres d'ici.
> — Ask whether you can get there by bus.
> — Oui, le 23 vous y amènera.
> — Ask where the nearest stop is.
> — Là-bas, devant le restaurant.

Ask the way to the station/bus station/nearest metro station.
Ask whether there is a car park/tourist office/newspaper kiosk/bank/post office nearby.
Ask whether someone knows where the Hôtel de la Paix is.
Ask whether it's all right to park here, and if not where you can park.
Tell someone to turn left/take the first on the right/go straight on/cross the bridge/turn right at the crossroads.
Tell someone that there has been an accident; tell him/her to phone for the police/an ambulance/the fire brigade.
Ask someone what is going on.

5 Shopping

> *Imagine that you are looking for a present to take back to your mother/ father from France. Your teacher will play the part of the shop assistant:*
>
> — Bonjour, monsieur/mademoiselle. Je peux vous aider?
> — Ask whether he/she can recommend a present for your mother/ father. Say it can cost up to 40F.
> — Un portefeuille/Un porte-monnaie peut-être?
> — Say he/she already has one.
> — Et ce briquet. A 30F, c'est une affaire!
> — Say that's a very good idea; your mother/father smokes but hasn't got a lighter.

Ask a shop assistant whether they have a certain article or commodity (e.g. any apples, cigarette lighters, cheese).
Ask for a certain quantity of a certain article or commodity (e.g. a kilo of pears/a pound of butter/a packet of biscuits/a litre of mineral water).
Ask whether they have any other postcards, gloves, newspapers, etc.
Ask whether they have an article in a different colour, size, material (e.g. this coat in green, these shoes in a larger size, this handbag in suede).
Ask the assistant to recommend a present for a brother/sister of 14. Say he likes aeroplanes and football/she is interested in sport and fashion.
Say that something is too expensive; ask whether they have a cheaper one.
Say that you'll take a certain article and ask for it to be gift-wrapped.
Explain that you only have a 100F note and apologize.
Thank the assistant for his/her help and ask him/her whether he/she can recommend another shop.
Say that you have been given the wrong change.

14

6 School

> *Imagine that you are talking to your correspondent's mother about your school. Your teacher will play the part of the mother:*
>
> — C'est une grande école?
> — Say how big the building is and how many pupils there are.
> — Tu aimes l'école, toi?
> — Say that you don't like it and that you intend to leave next year.
> — Tu veux aller à l'école avec Simon(e) demain?
> — Say you'd like to stay at home and rest tomorrow, and perhaps do some shopping. Say you'll go with him/her the day after tomorrow.

Ask your correspondent how he/she gets to school.
Ask what lessons he/she has today and when school starts and ends. Ask how long a lesson lasts.
Ask what his/her favourite lesson is and say what yours is.
Ask what his/her English teacher's name is and what he/she is like.
Ask whether he/she has a dinner ticket for you and ask how much they are.
Ask whether you can go to the library to do some work.
Tell your correspondent you'll meet him/her in an hour/at 4 o'clock, in the cloakroom/by the bike sheds/in front of the school.
Say you've got a bit of homework to do, that it will take about half an hour and then you'll be able to go out.

7 At the bank, bureau de change, post office

> *You are in a bank in France. Your teacher will play the part of the counter clerk:*
>
> — Monsieur/Mademoiselle?
> — Say you'd like to cash a £20 traveller's cheque.
> — Certainement . . .Mais vous avez oublié de le signer.
> — Say he's/she's right, apologize and ask whether he/she has a pen.
> — Voilà . . .Vous avez votre passeport?
> — Say you've left it in the hotel. Say you have your driver's licence and ask whether that will do.
> — Oui, je crois que ça va comme ça. On vous payera à la caisse.
> — Thank him/her.

Ask how much it costs to send a letter/card to England. Say you want to send a parcel to England; ask how much it will cost and how long it will take.
Ask for a postal order for 50F. Ask for a 1F stamp and two 1F 20 stamps.
Ask where the telegram forms are.
Say you'd like to use the phone; give the number 50-21-83; ask what you have to do.
Say you'd like to change £30 into francs. Say you'd like to cash a traveller's cheque for £50. Ask what the exchange rate is.
Explain how you'd like them to pay you 400F (e.g. 2 × 100F notes, 4 × 50F notes).
Say you don't understand a certain form; ask whether he/she will explain it to you. Ask where you have to sign.

8 Petrol station/garage

> *Your family is touring in France. You stop for petrol. Your teacher will play the part of the garage attendant:*
>
> — Ask for 25 litres of 4-star petrol.
> — Très bien, monsieur/mademoiselle.
> — Ask him/her to check the oil.
> — Ça va ...Vous en avez assez.
> — Ask whether there are any toilets.
> — Oui, monsieur/mademoiselle, derrière le bâtiment.
> — Ask whether they sell sweets and cigarettes.
> — Oui, monsieur/mademoiselle ...Il y a des distributeurs à l'intérieur.

Ask for a certain amount of petrol (e.g. full tank/50 francs' worth/25 litres).
Say which grade you want.
Ask for the oil/water/tyre pressures to be checked.
Ask how far it is to Nice.
Explain over the phone to Garage Lacroix that you have broken down; tell the man what sort of car you have and where you are (e.g. on the RN2, two kilometres from a certain village, opposite a football stadium, near a level crossing).
Explain to a mechanic that you have a problem with your car; point out which one it is (e.g. the green Ford Fiesta over there); say you think it's the water pump; ask whether he can repair the car/replace the pump today; if not, ask how soon it can be done; ask for a rough estimate of how much it will cost.
Ask whether you can hire a car for the day/week.

9 At the dentist's, the doctor's, the chemist's

> *Imagine that you get bad toothache while on holiday in France and you go to the dentist's. Your teacher will play the part of the receptionist:*
>
> — Ask whether you can see the dentist.
> — Je peux vous donner rendez-vous pour mardi après-midi.
> — Ask whether he can see you today. Say that your tooth is hurting a lot. Explain that you are going back to England before Tuesday.
> — Pouvez-vous revenir à 5h 30? Il vous verra après son dernier patient.
> — Confirm that you'll come back at 5.30, thank him/her and say they're very kind.

Ask whether you can see the doctor straight away/this morning/today.
Ask when you can have an appointment.
Tell the doctor that you have a pain in your (right) arm/(left) leg/stomach/chest/ear. Say you have a temperature. Say that your eyes are hurting. Say that you can't sleep/aren't eating/feel sick/feel dizzy/have a rash. Explain that you had a fall while out walking yesterday.
Tell the dentist that you have a bad toothache/have lost a filling.
Ask the chemist to recommend something for sunburn/an upset stomach/insect bites. Ask for a bandage/sticking plaster/cotton wool/antiseptic cream.
Explain that you ate seafood yesterday and now you have a stomach ache.

10 Eating out

> *Imagine that you and your family stop at an 'auberge' for a meal. Your teacher will play the parts of the manager(ess) and waiter/waitress:*
>
> — Bonsoir, messieurs-dames.
> — Greet him and ask whether they have a table for four.
> — Voulez-vous prendre l'apéritif avant de manger?
> — Say that you'd prefer to eat straight away.
> — Alors, qu'est-ce que vous prenez?
> — Say that you'll all start with the onion soup.
> . . . .
> — Qu'y a-t-il, monsieur/mademoiselle?
> — Ask to change tables; explain that you are too near the door. Ask whether you can have the table in the corner.

Ask for the menu/wine list.

Order a three-course meal for yourself and a friend.

Order four coffees (two black, two white), a bowl of chocolate, bread, butter, jam, and croissants.

Complain about the food (cold, not properly cooked); complain about dirty cutlery, glasses, etc.

Ask for the bill; tell the waiter to keep the change.

Ask for some more bread; ask the waiter to bring some salt/pepper/mustard.

11 Travel/customs

Imagine that you are at a railway station in France. Your teacher will play the part of the man/woman at the ticket office:

— Ask for a second class return to Paris. Apologize for only having a 100F note.
— Ça va ...Voilà, monsieur/mademoiselle.
— Ask what time the next train leaves.
— Dans un quart d'heure.
— Ask which platform it is.
— Quai numéro trois.

You are going through French customs on the way to visit your French correspondent. Your teacher will play the part of the customs officer:

— Identify your luggage: two suitcases and a bag.
— Vous n'avez rien à déclarer?
— Say that you have a few small presents for the French family: a couple of books, a pendant, a wallet, a couple of packets of tea.
— Du tabac? De l'alcool?
— Say that you have no cigarettes, no wine, no spirits.

Ask when the next bus/train/boat for a certain destination leaves.

Ask from which platform the 10.30 train to Le Havre leaves and whether you have to change trains. Ask for single/return tickets for two adults and three children second class to Le Havre. Ask whether there is a restaurant car in the train.

Ask what time the boat docks in Dover/when the next car ferry leaves.

Ask from which deck passengers will be disembarking.

18

Ask where the bar/bureau de change/purser's office is.
Ask whether British Airways flight 502 from London will arrive on time.
Explain to someone that they have taken your seat and ask them to please check their reservation.
Explain that you are returning to England by train and boat (Châteauroux-Paris-Dieppe-Newhaven) on the following Saturday; you have already got your tickets; explain that you'd like to reserve seats in the two trains; ask whether it's too late to do this.
Explain that you've lost your ticket.

12 Hotel, campsite, hostel

You arrive at a hotel with your parents one evening. Your teacher will play the part of the receptionist:

— Greet him/her and say you want a double and a single room for one night.
— Très bien.
— Say you'd prefer rooms with a shower or bathroom.
— Pas de problèmes . . . Vous pouvez prendre les chambres 20 et 21 au deuxième étage.
— Ask whether he/she can recommend a good cheap restaurant not too far away.
— Il y en a un dans la rue suivante.
— Ask whether there is someone to take your cases up.
— Laissez-les ici. Je vais m'en charger.

Ask whether they have any rooms/tent sites/caravan sites free. Ask what their rates are.
Say you are three adults and two children.
Say you are hoping to stay four nights.
Say you have two tents and a car, and you'd like to stay for a week.
Say you'd like to change rooms/sites, if possible, and give a reason (e.g. noisy neighbours, dampness, too near dustbins).
Ask whether you can eat in the hotel. Ask what time breakfast and the evening meal are served.
Ask whether there is a shop/snack-bar on the site, or a café nearby.
Ask whether they do take-away meals.
Assuming that a hotel/campsite is full, ask whether they can recommend another one; ask where it is, how far away it is and how to get there.

19

13 Holidays/entertainment/syndicat d'initiative

> *You are on holiday with a French family. You are at the sea-side. Your teacher will play the part of your correspondent:*
>
> — Tu viens nager?
> — Say you don't fancy swimming now. Say you'll go in later.
> — Qu'est-ce que tu vas faire, alors?
> — Say you're going into town to buy some sunglasses, then do some sunbathing.
> — Veux-tu m'apporter une glace en revenant? Voici de l'argent.
> — Refuse the money and say that you'll treat him/her to one.

Ask at a syndicat d'initiative for a plan of the town/a map of the region/a list of cheap hotels in the town/campsites in the area/a list of places of interest/events for the coming fortnight/details of films, plays, shows.
Ask whether there is a swimming pool/ice-rink/museum/cinema/theatre in the town and how to get there.
Ask whether there are any excursions to places of interest out of town.
Ask whether you can go horse riding/play mini-golf/badminton/go fishing/water skiing in the area. Ask whether there are any nice walks in the area.
Ask whether there are any boats/deck-chairs/rackets for hire.
Explain that your father wishes to hire a car for the week.
Ask how much the entrance fee to somewhere is. Offer to pay for the tickets for your French hosts.
Ask what time a certain performance/excursion/trip starts and ends.
Ask for two adults' and two children's seats on the coach/boat trip to X.
Ask for a film for your camera (20/36 exposures, black & white/colour).

14 Problems

> *You are at a police station in France. Your teacher will play the part of the policeman:*
>
> — Explain that you've lost your passport and cheque book.
> — Voulez-vous me donner des détails?
> — Say who you are, and when and where it happened (at the station).
> — Vous devriez contacter votre banque et le consulat britannique le plus tôt possible.
> — Say you'll do that, and that you'll come back or phone tomorrow.

Explain that someone has stolen your bag/wallet/case. Describe it and say what was in it.

Enquire at the lost property office whether a camera/coat/raincoat/bunch of keys has been handed in; give details. Ask whether the office is open the next day/on Saturday/on Sunday and at what times it is open each day.

Say that you left your camera on the coach and ask what you should do.

Role-play cards

Here are ten examples of role-play situations set by various examinations boards in recent years:

1 | Teacher: Vous parlez à votre ami(e) de son emploi dans un café le samedi. Je suis votre ami(e). Commencez!
Pupil: Ask him in which café he works.
Teacher: Au café dans la grand-rue.
Pupil: Ask him what time he has to start work.
Teacher: A deux heures.
Pupil: Ask him how much money he earns for the day.
Teacher: 15 francs.

(SREB)

2 | *On the beach*

Examiner: Je cherche mon petit-fils. Est-ce que vous l'avez vu, s'il vous plaît?
Candidate: Says he has just seen one, aged about five.
Examiner: Comment est-il?
Candidate: Describes child.
Examiner: C'est bien lui. Où l'avez-vous vu?
Candidate: States where the child was seen buying an ice cream.
Examiner: Voulez-vous m'aider à le trouver?
Candidate: Offers to go to the kiosque and see if he is still there.
Examiner: Merci beaucoup.
Candidate: Asks for child's name.
Examiner: Il s'appelle . . .
Candidate: Says he will return as soon as possible.

(WMEB)

21

3 | Chez le boulanger-pâtissier

Examiner: Bonjour, monsieur/mademoiselle. Que désirez-vous?
Candidate: Ask the assistant to give you two large loaves.
Examiner: Voilà, monsieur/mademoiselle. Et avec ça?
Candidate: Ask how much the strawberry tarts cost.
Examiner: Cinq francs la pièce.
Candidate: Say that they are dear, but that you will take one.
Examiner: C'est pour manger tout de suite?
Candidate: Answer 'yes' to the examiner's question and say that you
did not have any breakfast.
Examiner: Bon appétit! Ça fait huit francs quatre-vingts en tout. Merci.

(SEREB)

4 | You are in the lost property office of a big department store. Your
teacher will play the part of the assistant:

— Bonsoir, monsieur. Qu'y a-t-il pour votre service?
— You tell him you have lost your umbrella in the shop, today.
— De quelle couleur est votre parapluie?
— You tell him that it is black.
— Où et quand avez vous perdu le parapluie?
— You tell him that you left it in the restaurant about 10 o'clock.
— Vous avez de la chance, monsieur. Une dame me l'a remis cet
après-midi.

(YREB)

5 | You ring up your friend Dominique whom you have not seen for some
time because he has been on holiday. Your teacher will play the part of
your friend:

— Allô, c'est Dominique.
— You greet him and explain who you are.
— Ah oui, name of candidate. On vient de revenir d'Espagne.
— You ask if he has had a good holiday.
— Mais oui. Je me suis très bien amusé mais il ne faisait pas très chaud.
— You ask him if he would like to go out that evening.
— Volontiers, mais je te téléphonerai plus tard.

(YREB)

6 *Deux amis parlent*

Examiner: Qu'est-ce qu'on peut faire ce soir?
Candidate: Suggest that you and your friend go to the pictures.
Examiner: Je veux bien. Qu'est-ce qu'on passe?
Candidate: Ask your friend to pass the paper. Then say that there is a good film on at the Rex.
Examiner: Bon. A quelle heure commence-t-il?
Candidate: Say that you will have to hurry as it starts at 21h. 30.
Examiner: Je suis prêt(e) à partir. Allons-y!
Candidate: Ask if your friend has enough money.
Examiner: J'ai tout ce qu'il faut.

(SEREB)

7 *Imagine that you go into a French café for breakfast. Your teacher will play the part of the person serving behind the counter:*

— Bonjour monsieur/mademoiselle.
— Return the greeting and remark that it's cold.
— Oui, il fait bien froid aujourd'hui.
— You would like some white coffee
— Oui, un café au lait, et avec ça?
— And also two croissants.
— Voilà, monsieur/mademoiselle. Deux croissants.
— Ask how much this comes to.
— Ça fait quatre francs cinquante.
— Offer five francs and tell him/her to keep the change.

(EAEB)

8 Teacher: Vous parlez à votre ami(e) d'un film qu'il/elle a vu. Je suis votre ami(e). Commencez!
Pupil: Ask him/her if the film was very good.
Teacher: Très bon.
Pupil: Ask him/her when he/she saw it.
Teacher: Mercredi soir.
Pupil: Tell him/her that you are going to see it next week.
Teacher: Je crois que je vais le voir encore une fois.

(SREB)

23

9 | *Imagine that you are in a French town and want to buy an English newspaper. Your teacher will play the part of the newspaper vendor:*

— Bonjour, monsieur/mademoiselle. Vous désirez?
— Ask if there are any English newspapers.
— Je regrette, les journaux anglais ne sont pas encore arrivés.
— Ask when they will arrive.
— Généralement, ils arrivent vers midi.
— Ask if the newspaper vendor will keep one for you.
— Oui, bien sûr. Quel journal voulez-vous?
— Say you want the Daily Mirror.
— Le Daily Mirror. Oui, très bien.
— Say thank you and see you again at midday.
— Au revoir monsieur/mademoiselle. A midi.

(EAEB)

10 | *In the shoe shop*

Candidate: Says he/she wants to buy some shoes.
Examiner: C'est quelle pointure?
Candidate: Says he/she does not know what size it is in French.
Examiner: On va voir. Elles sont pour la plage?
Candidate: Explains that they are not for the beach. He/she wants strong shoes. They are for walking in the mountains.
Candidate: Voici des chaussures bien solides. Vous voulez les essayer?
Candidate: Says he/she likes those shoes very much, but they are too small.
Examiner: Voulez-vous que j'en cherche d'autres?
Candidate: Thanks him but says they are too expensive.

(WMEB)

24

Reading comprehension

Points to remember

1 Read the instructions carefully.

2 Read the text carefully, two or three times if necessary.

3 Do not translate the text into English.

4 Answer in full sentences unless you are clearly told that this is not necessary.

5 Give as full an answer as possible. Remember that some questions may require several pieces of information. On the other hand, make sure that your answers include only information that is relevant to the questions.

6 If the answers are to be written in French, do not be tempted to copy out pieces of the text. You can be sure that some change in the wording of the text will be necessary. Make sure that the tense and form of your answers suit those of the questions.

Section A

In each of the following sentences, a word or phrase is missing. From the four suggested answers, choose the one which makes the best sense:

1 Pierre et Mireille dînent au restaurant. Quand ils ont fini le repas, Pierre demande au garçon de lui apporter ......
   a la carte.
   b l'addition.
   c les crudités.
   d le menu.

2 Simon dit à son copain de se dépêcher car le film va ...... commencer.
   a souvent
   b quelquefois
   c déjà
   d bientôt

3 Patrice mange tant de gâteaux qu'il ·en devient malade. Il est ......
   a consciencieux.
   b courageux.
   c gourmand.
   d paresseux.

4 Madame Simonnet court sur le quai, mais trop tard! Elle a ...... son train.
   a manqué
   b réussi
   c pris
   d oublié

5 Une vieille dame doit chercher un porteur car ses bagages sont trop ...... pour elle.
   a chers
   b lourds
   c vides
   d gentils

6 Marc n'a pas pu ouvrir la porte de son appartement parce qu'il avait laissé ...... au bureau.
   a son concierge
   b la sonnerie
   c son briquet
   d la clef

7 La moto de Charles ne marche pas. Il regarde dans le réservoir et trouve ......
   a qu'il n'a plus d'essence.
   b qu'il a fait le plein.
   c que le pneu est crevé.
   d qu'il manque de pétrole.

8 Monsieur Arnaud passe son examen du permis de conduire. Il conduit très mal et ......
   a il réussit son permis.
   b il ne veut plus son permis.
   c il n'obtient pas son permis.
   d il n'a pas envie de son permis.

9 Après s'être lavé le visage, il a cherché ......
   a une éponge.
   b de l'eau.
   c une serviette.
   d du savon.
   (Joint 16+)

10 Martine attend une lettre de son fiancé. Tous les jours elle demande au facteur s'il y a ...... pour elle.
   a des timbres
   b un journal
   c un mandat
   d du courrier   (Joint 16+)

11 Martine travaille au rayon des vêtements dans un grand magasin. Aujourd'hui le temps passe lentement, parce qu'il n'y a pas beaucoup ......
a de vendeuses.
b d'argent.
c de clients.
d de robes.

(YREB)

12 Maurice a un gros rhume. Sa mère lui dit de ......
a se laver bien.
b passer dans la salle à manger.
c sortir immédiatement.
d rester à la maison.

(YREB)

13 Françoise est très intelligente. Elle a toujours ......
a raison.
b tort.
c faim.
d honte.

(ALSEB)

14 Je voudrais bien aller au théâtre. J'aime bien voir ......
a les billets.
b les films.
c le thé.
d les pièces.

(ALSEB)

15 Mon amie avait laissé sa valise dans un casier de consigne qui fermait à clef. En revenant de la ville, quelques heures plus tard, elle a ouvert le casier et a eu la désagréable surprise de découvrir ......
a que ses bagages n'étaient plus là.
b que quelqu'un lui avait volé sa clef.
c qu'elle avait perdu sa valise en ville.
d que quelqu'un avait fermé le casier à clef.

(SREB)

Section B

A situation is outlined involving one or more persons. You are asked to select the remark most likely to be made by a person involved in that situation:

1 Jules gagne le championnat de ping-pong de son école. Ses camarades de classe, qui sont très contents et fiers de lui, disent ......
a Bonne fête!
b Félicitations!
c Tu as raison!
d Malheureusement!

2 Deux copains se quittent devant l'école pour rentrer à la maison. Ils vont se revoir plus tard dans la soirée. Ils se disent ......
a A jamais!
b Adieu!
c A demain!
d A tout à l'heure!

3 Le petit ami d'Adrienne l'invite à un concert de musique classique. Elle déteste ce genre de concert, donc elle lui répond ......
   a Je n'ai pas envie d'y aller.
   b Volontiers!
   c Ça me ferait plaisir.
   d Je n'ai rien contre.

4 Monsieur Lagarde explique à son collègue qu'il vient au travail en autobus et qu'il a la chance d'avoir un arrêt d'autobus tout près de chez lui. Son collègue lui dit ......
   a C'est pratique, ça!
   b C'est ennuyeux, ça!
   c C'est bête, ça!
   d C'est dommage, ça!

5 Marianne a peur de l'examen de maths qu'elle doit passer ce matin. Sa mère lui dit ......
   a Ne t'inquiète pas ... Tu vas réussir.
   b J'espère que tu vas rater l'examen.
   c Il faut t'inquiéter ... L'examen c'est aujourd'hui.
   d Tu as de la chance.

6 Monsieur Legrand allume un feu dans son jardin pour brûler des feuilles mortes, mais le vent emporte la fumée qui salit le linge de la voisine. Elle lui dit ......
   a Je ne veux pas fumer, Monsieur Legrand!
   b Je dois refaire ma lessive!
   c Je n'ai pas besoin de vos feuilles mortes!
   d Ce n'est pas un feu de joie, vous savez!

7 Jacques veut vendre son vélomoteur à Jean pour 400F. Jean trouve ce prix très raisonnable, donc il accepte en lui disant ......
   a Je n'ai pas assez d'argent.
   b C'est exorbitant.
   c D'accord.
   d C'est trop cher.

8 Le téléphone sonne. C'est Pierre qui répond. Quelqu'un veut parler à son père. Pierre lui dit/demande ......
   a N'en parlons plus, papa.
   b A qui est-ce que tu parles, papa?
   c Si on te téléphone, je te le dirai, papa.
   d On te demande, papa.

9 Un jeune homme aide une vieille dame à porter ses bagages jusque dans le compartiment du train. Elle le remercie infiniment. Il lui répond ......
   a Il n'y a pas de quoi, madame.
   b Vos bagages sont au quai.
   c Je vous remercie aussi.
   d C'est une vieille porte, je crois.

10 Un jeune homme et sa fiancée sortent du cinéma. Ils viennent de voir un film de guerre. Le jeune homme a bien aimé le film mais sa fiancée l'a trouvé ennuyeux. Elle lui dit ......
   a J'aimerais bien voir un autre film comme ça.
   b C'est de bonne guerre!
   c Tu sais que je déteste ce genre de film.
   d Le film m'a plu énormément.

11 Après la disco Pierre rentre chez lui avec quelques camarades pour prendre un café. Il sait que ses parents sont déjà au lit, donc il dit à ses copains ......
   a Parlez un peu plus fort, les gars!
   b Réveillez-vous, les gars!
   c Ne faites pas tant de bruit, les gars!
   d Mes parents ont un réveil, les gars!

12 Dans le métro un homme est attaqué par une bande de voyous qui essaient du lui voler son portefeuille. Il crie ......
   a Mon portefeuille s'envole!
   b Je vais chercher de l'argent!
   c Au secours!
   d Gare aux inspecteurs!

13 La famille Dupont commence à dîner. Malheureusement Madame Dupont a mis beaucoup trop de sel dans un des plats et ça a un très mauvais goût. Son mari lui dit ......
   a C'est trop salé, chérie.
   b Mon assiette est sale, chérie.
   c Passe-moi le sel, chérie.
   d Je voudrais encore du sel, chérie.

14 Pierre veut danser avec Claudine et il le lui demande toutes les cinq minutes. Chaque fois elle refuse. Enfin, exaspérée, elle lui dit ......
   a Je danserai toutes les cinq minutes!
   b Tu me plais énormément, tu sais!
   c Laisse-moi tranquille!
   d Je suis de bonne humeur!

15 Un après-midi il fait très chaud dans le bureau de Monsieur Legros et ça le fatigue. Il dit à sa secrétaire ......
   a J'ai tellement sommeil cet après-midi!
   b J'ai vraiment tant d'énergie cet après-midi!
   c J'ai vraiment tort cet après-midi!
   d J'ai tellement envie de travailler cet après-midi!

16 Peter est en France pour la première fois et il trouve que tout le monde parle très vite. Quand le père de son correspondant lui parle, il lui dit/demande ......
   a Voulez-vous parler plus lentement?
   b Vous ne parlez pas assez vite pour moi.
   c Je vous comprends bien quand vous parlez vite.
   d C'est la première fois que je parle si lentement.

17 Madame Lenoir téléphone à son coiffeur. Elle dit: «Allô, c'est la 'Maison Robert'? Ici Madame Lenoir. Est-ce possible de me faire couper les cheveux, jeudi prochain?» Le coiffeur répond ......
   a Je regrette, Madame, mon mari n'est pas à la maison.
   b Non, Madame, c'est aujourd'hui mercredi.
   c Bien sûr, Madame, quelle heure vous conviendrait?
   d Certainement, Madame, je vous donnerai un coup de main.

(SREB)

18 Jean va à un match de foot avec son père. Les spectateurs devant eux sont si grands que Pierre ne voit rien. Il dit à son père ......
   a Soulève-moi, papa. Porte-moi sur tes épaules.
   b Ces spectateurs jouent bien, papa.
   c Est-ce que je peux me mettre derrière toi, papa?
   d Les joueurs sont aussi grands que les spectateurs.

19 Marcel a mal à la gorge. Sa mère lui dit:
   a Tu devras passer deux mois à l'hôpital.
   b Tu devras aller chez le dentiste.
   c Tu devras aller nager dans la rivière.
   d Tu devras mettre ton pardessus et ton écharpe.

(ALSEB)

20 Tous les matins depuis deux ans, un monsieur prend le même train et s'installe dans le même compartiment avec trois autres hommes d'affaires. Un matin, à la grande surprise de ces derniers, il rate le train. Le lendemain il explique à ses collègues ......
   a Je me suis complètement trompé d'heure.
   b Je suis arrivé à l'heure, comme toujours.
   c Je vous ai attendus trois quarts d'heure.
   d Je ne savais pas l'heure du départ..

(SREB)

21 Pardon, madame, savez-vous où se trouve le bureau de poste?
   a Oui, des timbres.
   b Oui, la voilà.
   c Oui, suivez-moi.
   d Oui, la boîte aux lettres.

(ALSEB)

22 Ne veux-tu pas regarder la télévision, François?
   a Non, la télévision me plaît.
   b Non, je dois faire mes devoirs.
   c Non, je vais la regarder.
   d Si, je préfère la radio.

(ALSEB)

23 Vous êtes à la douane et vous dites au douanier:
   a Ouvrez vos bagages, s'il vous plaît.
   b Je n'ai rien acheté à l'étranger.
   c Voulez-vous acheter des cigarettes?
   d Qu'est-ce que vous avez à déclarer?

(ALSEB)

24 Dans la classe de dessin les petits enfants essayent de dessiner un match de football. Le professeur demande au petit Jean: «Pourquoi est-ce que tout le monde dans ton tableau a le dos tourné?» Jean répond ......
   a Parce qu'ils n'aiment pas le football.
   b Parce que je ne sais pas dessiner les visages.
   c Parce qu'ils ont mal au dos.
   d Parce qu'ils ne peuvent pas voir le match.

(SREB)

Section C

Read the following passages and then answer the questions in the language in which they are written:

1 A l'aéroport

Pierre: Pardon. N'êtes-vous pas par hasard Claude Leroy?

Claude: Oui, c'est ça. Est-ce que je vous connais?

Pierre: On était au lycée ensemble. Je suis Pierre ..., Pierre Pernaud. Je sais que j'ai beaucoup changé. Je n'étais pas si gros et je n'étais pas chauve ... puis il y a la barbe et les lunettes.

Claude: Pierre Pernaud! Incroyable! Ça fait dix ans qu'on ne s'est pas vu.

Pierre: Je t'ai reconnu tout de suite. Tu n'as pas changé du tout. Je crois qu'on peut se dire «tu», n'est-ce pas?

Claude: Je pense bien. (*Ils s'asseyent sur une banquette dans un coin tranquille de la salle d'attente.*) Mais que fais-tu dans la vie, mon vieux?

Pierre: Je suis homme d'affaires depuis que j'ai quitté le lycée. Je vends de l'équipement agricole. Je vais en Ecosse où j'espère vendre des tracteurs. Mon avion décolle dans une heure. Je suis marié, tu sais ... j'ai trois enfants.

Claude: Moi, je ne suis pas encore marié. Il y a deux ans ma compagnie, une compagnie d'assurances, a voulu m'envoyer à Madrid. Je suis célibataire et je parle couramment l'espagnol, donc j'ai accepté. Je suis maintenant chef de bureau. J'ai fait la connaissance d'une Espagnole et on se marie le mois prochain.

Pierre: Félicitations! Mais pourquoi tu es de retour en France?

Claude: Je suis rentré voir ma mère qui est tombée malade. J'ai profité de l'occasion pour revoir toute la famille et des copains. Je viens très rarement en France maintenant.

Pierre: Quand est-ce que ton avion décolle?

Claude: Dans trois quarts d'heure.

Pierre: On a beaucoup à se raconter, n'est-ce pas? On pourrait boire un coup ensemble si tu veux.

Claude: Volontiers!

1 Where had Pierre and Claude known each other previously?

2 How had Pierre changed?

3 How long had it been since they last saw one another?

4 How had Claude changed?

5 How does the way they address one another change during the course of the conversation?

6 Where do they sit down?

7 What does Pierre do for a living and how long has he been doing it?

31

8 Where is Pierre about to go and when does his plane leave?
9 What is he hoping to do there?
10 What do we learn about his domestic life?
11 What happened to Claude two years ago?
12 What two things made it easy for him to accept his company's offer of a move?
13 What has happened to him since he moved and what is to happen next month?
14 What is Claude's main reason for being back in France and what has he also done?
15 When does his plane leave?
16 What does Pierre suggest they do and why?

2 En vacances

Femme: Le fermier nous a bien dit dix minutes, n'est-ce pas? Ça fait déjà une demi-heure qu'on cherche ce camping. Tu t'es trompé en prenant à gauche après le pont. Cette route devient de plus en plus étroite. Je suis sûre qu'elle ne mène qu'à une ferme ou quelque chose comme ça. Il faut faire demi-tour.

Mari: Attends, chérie. La route fourche ici. Voilà quelqu' un qui travaille dans son jardin . . . Je vais lui demander. (*S'adressant à un monsieur*) Pardon, y a-t-il un terrain de camping près d'ici?

Monsieur: Il y en a deux, m'sieur. Le plus proche est à un kilomètre à peu près, mais il n'est pas tellement bon. Ce n'est qu'un champ, quoi? Sans W.C., sans douches. L'autre est à une vingtaine de kilomètres d'ici. Il est mieux. C'est un camping municipal très bien équipé, et très propre. Il est très populaire.

Femme: Il se fait tard et la nuit va bientôt tomber. Si tous les emplacements sont pris au camping municipal, je n'ai pas envie de coucher dans la voiture.

Mari: Je n'ai pas envie non plus de revenir ici dans le noir. (*S'adressant au monsieur*) Et pour aller au premier camping, s'il vous plaît?

Monsieur: Eh bien, prenez à droite juste après les trois arbres là-bas. Après un kilomètre vous verrez une grande ferme sur votre droite. En face d'elle il y a une petite route qui descend sur la gauche. Après deux, trois cent mètres vous verrez le camping au bord de la rivière. Je crois que c'est indiqué, mais je ne suis pas sûr.

Mari: Merci, m'sieur.

Monsieur: De rien. Bonne chance et bonnes vacances!

1 How long have the couple been looking for the campsite since they last asked for directions?
2 Whom did they ask?
3 How long were they told it would take?
4 Where does the wife think her husband went wrong?
5 What makes her think they are on the wrong road?
6 Where does the husband stop to ask for directions?
7 Whom does he ask this time?

0 What does the person tell him about the campsite he mentions first? And the second one?
9 Why is the lady worried and what does she think might happen?
10 What is the husband more concerned about?
11 Which campsite do they decide to go to?
12 What directions does the man give them?
13 Is the campsite sign-posted?
14 What does the man wish them?

3 Un voleur distrait

Jean-Louis Lenoir travaillait chez un bijoutier comme vendeur. Il était très égoïste et pas trop intelligent. Son ambition était de s'acheter une grosse moto et de beaux vêtements pour impressionner les filles. Malheureusement il ne gagnait pas assez d'argent pour se les payer. Il décida donc de voler des bagues, des montres, des colliers et d'autres objets de valeur dans le magasin de son patron et de les vendre.

Un mardi matin le patron laissa la clef du magasin sur le comptoir pendant qu'il s'occupait d'un client. Jean-Louis prit la clef, alla dans les toilettes et en laissa une empreinte dans du savon. Ce soir-là il en fit une copie.

Le samedi suivant vers dix heures du soir il se cacha dans l'obscurité devant la porte d'une librairie qui se trouvait juste en face de la bijouterie. Il y avait encore de la circulation et des passants, mais après dix minutes, à un moment où la rue était tranquille, il traversa et entra dans le magasin.

Il ôta sa casquette et, à l'aide d'une petite lampe de poche, il chercha des articles de valeur qu'il fourra dans ses poches. Puis, s'étant assuré que personne n'était dans la rue, il sortit du magasin et rentra chez lui.

Le lundi matin il eut un grand choc. Le patron l'attendait, accompagné d'un détective. Ce dernier mit sa main sur l'épaule de Jean-Louis et lui dit,

«Je vous arrête pour avoir commis un vol ici pendant le week-end. En voilà la preuve: votre casquette que vous avez laissée sur les lieux du crime!

— Mais non, protesta Jean-Louis. J'ai dû l'oublier vendredi soir quand j'ai quitté le travail.

— Impossible, répondit le détective. La femme de ménage dit qu'il n'y avait pas de casquette ici samedi matin quand elle nettoyait, et un de vos collègues m'assure que vous la portiez en sortant du magasin vendredi soir!»

33

1 What was Jean-Louis' job?
2 What sort of a person was he?
3 What was his ambition?
4 What stood in the way of this ambition?
5 What did he decide to do in order to put this problem right?
6 When did he put the first part of his plan into action?
7 What did his boss do which made things easier for him?
8 How did he take advantage of his boss's carelessness?
9 On which day did he put the next part of his plan into action?
10 Where did he hide?
11 Why did he have to wait?
12 When did he actually enter the shop?
13 Describe what he had with him and what he did in the shop.
14 What did he do just before leaving?
15 Where did he go after leaving the shop?
16 When did he next go back to the shop?
17 What did the detective do when Jean-Louis came into the shop?
18 What proof did he offer to show that Jean-Louis had committed the crime?
19 How did Jean-Louis try to explain this away?
20 How was the detective able to show that he was lying?

4 Une visite inattendue

Un après-midi, pendant que Madame Vercors rangeait le salon, elle a vu deux jeunes gens entrer dans le jardin de la maison d'en face. Ils portaient tous les deux de vieux vêtements usés et ils étaient mal coiffés. Le jeune homme, qui avaient les cheveux extrêmement longs, portait un sac à dos. La jeune fille portait une vielle valise.

Les Vercors connaissaient bien les voisins d'en face car ils étaient de bons amis. Madame Vercors savait qu'ils étaient partis ce matin-là pour rendre visite à des parents qui habitaient en banlieue, et qu'ils n'allaient revenir que tard le soir. Madame Vercors a donc observé les jeunes gens avec intérêt.

Ils ont sonné plusieurs fois, ont attendu quelques minutes, puis ils ont regardé par la fenêtre du salon. Ensuite ils sont allés derrière la maison. Madame Vercors est allée dans la salle à manger pour mieux suivre leurs mouvements. Arrivée là, elle a été étonnée de les voir dans la maison! A travers une porte ouverte elle pouvait les entrevoir dans la cuisine où ils semblaient se faire un café!

Elle ne voulait pas alerter la police de peur de paraître ridicule, mais elle a décidé de téléphoner au frère du voisin qui travaillait dans un atelier non loin de là. Elle lui a expliqué ce qui se passait et dix minutes plus tard elle l'a vu arriver en courant, accompagné d'un autre homme – sans doute quelqu'un avec qui il travaillait. Ils sont entrés dans la maison, puis le frère est ressorti en souriant. Il est venu remercier Madame Vercors et lui a expliqué que les jeunes gens n'étaient pas des cambrioleurs comme elle avait pensé, mais le neveu du voisin qui était étudiant et qui était venu en stop avec sa fiancée voir son oncle et sa tante.

a 1 At what time of day did the incident occur?
   2 What was Madame Vercors doing when she noticed the young couple?
   3 Describe the two young people.
   4 How did Madame Vercors know that the neighbours were out?
   5 Where had they gone and when were they due to return?
   6 What did she see the young couple do before they went into the house?
   7 Where did she go to get a better view of them?
   8 Where could she see them in the house and what did they appear to be doing?
   9 Why didn't she call the police?
  10 Whom did she call and where was he at the time?
  11 How did he get to the house and who was with him?
  12 How did he look when he came out of the house again?
  13 Why did he come over to speak to Madame Vercors?

  14 Who were the young people?
  15 How had they got there and why had they come?

b 1 Où se trouvait la maison du voisin?
   2 Comment les jeunes gens étaient-ils habillés?
   3 Dans quoi portaient-ils leurs affaires?
   4 Pourquoi Madame Vercors a-t-elle observé les jeunes gens?
   5 Qu'est-ce que les jeunes gens ont fait quand ils sont allés derrière la maison?
   6 Où est-ce que Madame Vercors est restée pendant que le frère du voisin s'occupait de la situation?
   7 Pourquoi est-ce que le frère souriait après avoir parlé aux jeunes gens?
   8 Qu'est-ce que Madame Vercors avait pensé en voyant les jeunes gens dans la maison du voisin?

5 **Un héros**

Simon Lustucru est chef de gare dans une petite gare de campagne. Mais pour qui le connaît il est aussi un héros. Il y a deux semaines à peu près il a sauvé la vie d'un enfant. Lui-même est encore à l'hôpital après avoir été opéré de la jambe. On a écrit un article sur l'affaire dans le journal et il a reçu une quarantaine de lettres et de cartes, le félicitant de son héroïsme.

Voici ce qui s'est passé:

A côté de la gare se trouve un passage à niveau. Une femme avait emmené son fils âgé de huit ans et sa fille âgée de quatre ans à la voie de chemin de fer pour regarder passer les trains. Ils s'étaient arrêtés près de la barrière. Mais pendant que la femme s'occupait de son fils, la petite fille s'est glissée entre les barres du passage à niveau et est allée sur la voie. La femme s'est retournée, et, voyant sa fille, elle s'est mise à crier à tue-tête. Elle n'a pas pu la suivre car elle était trop grande pour passer entre les barres, et la barrière était trop haute.

Simon se tenait devant la porte de son bureau parlant à un voyageur. Alerté par les cris, il a vu la fille sur la voie. Sachant que l'express devait arriver à tout moment, il a couru à toutes jambes le long du quai. En courant il a entendu le train; arrivé au bout du quai, il l'a vu s'approcher à toute allure. Il s'est précipité vers l'enfant, l'a saisie par un bras et l'a tirée hors du danger. Simon, lui, a trébuché et est tombé par terre. Malheureusement pour lui il s'est cassé la jambe à plusieurs endroits.

Deux automobilistes qui attendaient au passage à niveau dans leurs voitures ont accouru, ont sauté la barrière, et se sont occupés de Simon, tandis qu'un troisième a couru à la gare téléphoner pour une ambulance. L'enfant, elle, n'était pas blessée.

a 1 What is Simon's job?
2 What happened to make him a hero?
3 When did it happen?
4 What treatment did he receive in hospital?
5 When did he leave hospital?
6 How did people find out about the affair and how many letters and cards did he receive?
7 Where exactly did the incident take place?
8 Why had the lady come to the place with her children?
9 What do we learn about the children?
10 Describe what the little girl did while her mother wasn't looking.
11 What did the mother do when she saw what had happened?
12 Why didn't she follow the girl?

13 Where was Simon while this was going on?
14 What did he know that made him act quickly?
15 What did he see when he reached the end of the platform?
16 Explain what he did when he reached the child.
17 What happened to him?
18 Who helped him and how did they get to him?
19 Who went to phone for an ambulance and where?
20 What injuries did the child receive?

b 1 Quel est le métier de Simon?
2 Quand est-ce que l'incident s'est passé?
3 Pourquoi les gens ont-ils écrit à Simon?
4 Quel âge les enfants avaient-ils?

5 Qu'est-ce que Simon a entendu pendant qu'il parlait au voyageur?

6 Pourquoi la femme a-t-elle crié?

7 Combien d'automobilistes ont joué un rôle dans cette affaire?

6 Une jeune fille en danger

Richard Legaillard est extrêmement riche. Sous le pseudonyme de Léon Ledur, il a écrit toute une série de romans policiers qui, parus en livres de poche, sont devenus très populaires, et se vendent dans toutes les librairies.

Un jour il est arrivé à son bureau où il allait dicter à sa secrétaire plusieurs chapitres de son nouveau roman. Parmi son courrier il a trouvé une enveloppe qui ne portait ni timbre ni adresse . . . seulement le nom «M. Ledur». Elle contenait une feuille de papier sur laquelle on avait collé des lettres coupées dans des journaux, composant le message suivant: «Nous avons votre fille. Elle n'est pas en danger pour le moment. Apportez cinq cent mille francs en vieux billets de banque au cimetière de l'église Sainte Marie à minuit. Venez à pied. Ne contactez pas la police, si vous espérez la revoir vivante.»

Legaillard a décroché le téléphone pour appeler sa femme . . . puis il a raccroché. Il a décidé de rentrer tout de suite à la maison lui expliquer lui-même la situation. En route il est allé à la banque pour toucher l'argent. Le directeur de la banque a protesté, a voulu savoir pourquoi il avait besoin d'une telle somme d'argent liquide . . . Legaillard a insisté, refusant de discuter avec lui. En apprenant la nouvelle, sa femme s'est mise à pleurer.

«N'aie pas peur, lui a-t-il dit. Ils ne vont pas faire de mal à Aline. C'est l'argent qu'ils veulent. Je vais faire ce qu'ils demandent.»

Sa femme était d'accord pour ne pas alerter la police.

A minuit Legaillard, trempé jusqu'aux os par la pluie, a vu une grosse voiture américaine contourner trois fois le cimetière, puis s'arrêter. Un homme, le visage couvert d'un mouchoir, en est descendu, a pris le sac qu'il tenait, et lui a dit avec un accent étranger, «Rentrez chez vous. Elle vous rejoindra bientôt.» Puis il est parti.

Arrivé à la maison, il a appris qu'Aline venait de téléphoner d'une cabine tout près de chez eux.

«Tu as vu la plaque d'immatriculation de la voiture?» a demandé sa femme. Legaillard a fait signe de la tête que oui.

«Appelle tout de suite la police, alors!

— C'est pas la peine, chérie, a-t-il répondu. C'est sans doute une voiture volée!»

a 1 What is Legaillard's profession?
2 Who is Léon Ledur?
3 What was Legaillard intending to do at the office on the day of the incident?
4 Describe the envelope he found.
5 Describe the letter.
6 What instructions did it contain?
7 Whom did Legaillard phone before going home?
8 What did the bank manager want to know?
9 What did Legaillard discuss with him?
10 What was his wife's reaction to the news?
11 What was her attitude to contacting the police at this stage?
12 What was the weather like that night?
13 What did the man do before stopping the car?
14 What two details do we learn about the man?
15 After taking the money, what did he tell Legaillard to do?
16 When did he say Aline would be home?
17 What had happened by the time Legaillard got home?
18 What did his wife ask him?
19 What did she suggest and why did he turn down the suggestion?

b 1 Que fait Richard Legaillard dans la vie?
2 Qu'est-ce que Legaillard avait l'intention de faire ce jour-là?
3 Comment devait-il aller au cimetière?
4 Qu'est-ce que les kidnappeurs ont menacé de faire à Aline, si Legaillard contactait la police?
5 Après avoir lu la lettre, qu'est-ce que Legaillard a décidé de ne pas faire?
6 De quoi est-ce que Legaillard a parlé avec le directeur de la banque?
7 Quel temps faisait-il cette nuit-là?
8 Comment sait-on qu'un des kidnappeurs était étranger?
9 Qu'est-ce que sa femme a voulu savoir quand Legaillard est rentré du cimetière?
10 Qu'est-ce qu'Aline avait fait pendant que son père rentrait chez eux?

c Complete the following sentences about the passage by choosing the most suitable alternatives:

1 Legaillard est . . . . . .
   a écrivain.
   b livreur.
   c policier.
   d libraire.

2 Il est . . . . . .
   a peu connu.
   b célèbre.
   c peu célèbre.
   d inconnu.

3 Les kidnappeurs allaient tuer Aline, si Legaillard . . . . . .
   a leur donnait l'argent.
   b venait au cimetière.
   c alertait la police.
   d espérait la revoir vivante.

4 Quand elle a entendu que sa
   fille avait été kidnappée,
   Madame Legaillard . . . . . .
   a était contre l'idée de
     contacter la police.
   b a proposé à son mari de
     contacter la police.
   c a voulu contacter la police à
     tout prix.
   d était d'accord avec l'idée de
     contacter la police.

5 Legaillard a vu la voiture des
   kidnappeurs, mais il n'a pas
   appelé la police parce qu'il
   savait . . . . . .
   a que c'était une voiture
     américaine.
   b que la voiture n'appartenait
     pas aux kidnappeurs.
   c qu'on ne retrouverait jamais la
     voiture.
   d que la police était trop bête
     pour trouver la voiture.

7 Un accident

Madame Xavier habitait un appartement au dernier étage d'un grand
immeuble. Elle vivait seule, son mari étant mort l'année précédente.

Un jour elle a décidé de nettoyer les vitres des fenêtres. Elle est montée
sur une chaise pour commencer son travail. Mais la chaise a basculé et elle
est tombée sur le parquet. En tombant elle s'est cogné le dos contre le buffet.
Son dos lui faisait tellement mal qu'elle pouvait à peine bouger; il lui était
impossible de se relever. Que faire pour alerter quelqu'un? Ce n'était pas la
peine de crier à l'aide; elle savait que ses voisins d'à côté, un jeune couple,
étaient au travail. Elle les avait entendu sortir plus tôt dans la matinée.
Malheureusement elle n'avait pas le téléphone. Elle devenait de plus en plus
anxieuse. Puis elle a eu une idée.

Pour pouvoir écouter de la musique en travaillant, elle avait mis son
transistor sur le plancher tout près de la chaise sur laquelle elle était montée.
Elle s'est traînée vers le transistor, l'a pris et l'a lancé de toutes ses forces
contre la fenêtre. Une vitre s'est brisée et le transistor est tombé parmi des
morceaux de verre dans la cour dans un bruit infernal.

La seule personne qui était près était un facteur qui s'approchait de
l'immeuble pour y distribuer le courrier. Quand il a entendu le bruit et a vu
d'où cela venait, il a laissé tomber son sac, s'est précipité dans le bâtiment et
a monté l'escalier à toutes jambes. Trouvant la porte de l'appartement
fermée, il l'a ouverte d'un grand coup d'épaule. Voyant que la dame était
grièvement blessée, il lui a dit de rester tranquille, a ôté son veston, l'a plié en
quatre et l'a mis sous sa tête. Puis il est redescendu à la cabine téléphonique
qui se trouvait devant l'entrée du bâtiment et a fait venir une ambulance.

On a transporté la dame à l'hôpital où on l'a opérée. Après un mois de
convalescence elle a pu retourner chez elle. Maintenant le facteur monte
chaque matin lui dire bonjour pour s'assurer que tout va bien.

a
1 Where did Madame Xavier live?
2 Why did she live alone?
3 What work did she decide to do one day?
4 Describe how the accident happened.
5 What made the accident worse?
6 How badly was she hurt?
7 Why didn't she shout for help?
8 What other way of getting help was not open to her?
9 Where was her transistor radio and why?
10 What role did the radio play in attracting attention to her plight?
11 Who was approaching the building and why?
12 What did he do before going up to see what was going on?
13 How did he get into Madame Xavier's flat?
14 When he saw her, what did he tell her to do?
15 How did he make her more comfortable?
16 Where did he then go? Why?
17 What happened when Madame Xavier got to hospital?
18 How long did she stay there?

b
1 Pourquoi Madame Xavier vivait-elle toute seule?
2 Que faisait-elle quand elle est tombée par terre?
3 D'où est-elle tombée?
4 Avec quoi a-t-elle brisé la vitre?
5 Qu'est-ce qui a attiré l'attention du facteur?
6 Où était-il quand il a entendu tomber le transistor?
7 Pourquoi n'a-t-il pas essayé de relever la dame?
8 Pourquoi est-il sorti de l'appartement?
9 Combien de temps la dame a-t-elle dû rester à l'hôpital?
10 Ils se revoient tous les combien maintenant?

c Complete the following sentences about the passage by choosing the most suitable alternatives:

1 Madame Xavier vivait seule car
. . . . . .
a elle n'avait pas eu de mari.
b elle ne s'était pas mariée.
c elle n'avait plus de mari.
d elle ne s'était pas encore mariée.

2 Elle ne pouvait pas se relever
. . . . . .
a parce qu'elle était trop blessée.
b parce que ce n'était pas la peine.
c parce qu'elle ne savait que faire.
d parce qu'elle était étendue sur le parquet.

3 Elle a saisi le transistor . . . . . .
a pour écouter de la musique en travaillant.
b pour y monter.
c pour briser une vitre.
d pour l'avoir à côté d'elle.

4 Le facteur a dit à la dame . . . . . .
a de ne pas bouger.
b d'essayer de se relever.
c d'ôter son veston.
d de se plier en quatre.

8 How to lose a fiancée

Luc et Marie se connaissaient depuis l'école maternelle. Ils avaient été voisins pendant des années jusqu'au jour où le père de Marie a changé d'emploi et a décidé d'habiter plus près de son nouveau lieu de travail. Ils avaient alors quinze ans. Désormais ils habitaient assez loin l'un de l'autre, mais ils continuaient quand même à se voir et à sortir ensemble tous les deux, trois jours. A l'âge de dix-huit ans ils se sont fiancés.

A peu près un an plus tard, un jour d'été, la famille de Luc a eu une visite inattendue. Une cousine de Luc, Marie-Thérèse, dont la famille était partie vivre aux Etats-Unis il y avait une dizaine d'années, est arrivée chez lui. On n'avait reçu d'elle ni télégramme ni lettre. Après lui avoir offert quelque chose à manger, Luc lui a proposé de sortir en ville. Il aurait voulu la présenter à sa fiancée, mais Marie était partie en vacances en Suisse. Ils ont fait un tour en ville. Après deux heures de promenade, fatigués par la chaleur, ils se sont installés à l'ombre à la terrasse d'un café et ont commandé quelque chose à boire. Pendant qu'ils bavardaient ensemble, une jeune fille s'est approchée d'eux:

«C'est comme ça que tu profites de mon absence! Eh bien, c'est fini entre nous!»

C'était Marie, rentrée deux jours plus tôt que prévu de ses vacances. Elle a ôté sa bague et l'a jetée sur la table devant Luc, qui, tout étonné de voir Marie là, est resté bouche bée. Sans lui laisser le temps de se ressaisir et d'expliquer la situation, elle est partie et a disparu dans la foule.

a 1 Where had Luc and Marie first met?
2 Why did Marie's family move?
3 How often did Luc and Marie see each other when their families lived apart?
4 Who was Marie-Thérèse and what do we learn about her and her family?
5 Why was her visit unexpected?
6 What did Luc do when she first arrived and what did he then suggest doing?
7 Why didn't Luc attempt to introduce Marie-Thérèse to his fiancée?
8 What was the weather like on the day Marie-Thérèse arrived?
9 Where did the two of them go after their walk?
10 How was it possible for Marie to be there?
11 What did she say and do when she saw Luc and Marie-Thérèse together?
12 What explanation was Luc able to give?

b 1 Où est-ce que Luc avait vu Marie pour la première fois?
2 Qu'est-ce qui s'est passé quand ils avaient quinze ans?
3 Quel âge avait Luc quand Marie-Thérèse est venue en France?

4 En quelle saison est-elle venue?

5 D'où est-ce qu'elle est venue?

6 Qu'est-ce que Luc et Marie-Thérèse ont fait avant de sortir en ville?

7 Combien de temps est-ce que leur promenade a duré?

8 Pourquoi sont-ils allés à un café?

9 Pourquoi se sont-ils installés à l'ombre?

10 Pourquoi Luc n'a-t-il pas pu expliquer la situation à Marie?

c 1 Depuis quand Luc et Marie se connaissaient-ils?
   a Depuis ce matin même.
   b Depuis quelques années.
   c Depuis leur enfance.
   d Depuis bien peu de temps.

2 Pourquoi n'étaient-ils plus voisins?
   a La famille de Marie avait déménagé.
   b Les familles ne s'aimaient plus.
   c Les pères ne travaillaient plus ensemble.
   d Ils ne se connaissaient plus.

3 Quand est-ce qu'ils se rencontraient quand ils avaient quinze ans?
   a De temps à autre.
   b Rarement.
   c Souvent.
   d Presque jamais.

4 Pourquoi la visite de la cousine était-elle inattendue?
   a Elle n'avait pas réservé de chambre chez la famille de Luc.
   b Elle n'avait pas écrit à la famille de Luc.
   c Luc ne l'avait pas vue depuis des années.
   d C'était sa première visite.

5 Qu'est-ce que Marie a cru en voyant Luc et Marie-Thérèse ensemble?
   a Que Luc sortait avec une autre fille.
   b Qu'ils s'étaient bien installés.
   c Qu'ils prenaient un café.
   d Qu'il finissait quelque chose pour elle.

6 Pourquoi Luc a-t-il été étonné de voir Marie?
   a Elle était souvent à l'étranger.
   b Il la croyait en vacances.
   c Elle n'aimait pas aller au café.
   d Il croyait qu'elle profitait de son absence aussi.

7 Qu'est-ce que Marie a fait de sa bague de fiançailles?
   a Elle l'a gardée pour un autre fiancé.
   b Elle l'a mise dans sa bouche.
   c Elle l'a laissée sur son doigt.
   d Elle l'a rendue à son fiancé.

8 Qu'est-ce que Luc à dit a sa fiancée quand elle est arrivée au café?
   a Il s'est excusé.
   b Il lui a dit un mot.
   c Il a expliqué la situation.
   d Il ne lui a rien dit.

42

Monsieur Gautier et sa femme comptaient passer Noël chez les parents de Madame Gautier qui demeuraient à la campagne non loin de la maison favorite du Président de la République. Comme d'habitude, la sœur de Madame Gautier serait, elle aussi, avec toute sa famille, chez ses parents pour la fête. Cette sœur avait deux fils, une fille, et un mari.

Monsieur et Madame Gautier allaient prendre le train de dix heures du matin le 23 décembre. Ils savaient déjà que le Président allait quitter sa résidence deux heures plus tard car on l'avait annoncé dans les journaux, et les Gautier voulaient éviter tous les gens assemblés à la gare pour voir le Président.

A 9h 30 ils descendirent dans la rue; Madame Gautier attendit sur le trottoir pendant que son mari cherchait un taxi. Vingt minutes plus tard ils arrivèrent à la Gare Saint-Lazare à Paris, et, après avoir trouvé un compartiment vide, ils s'y installèrent avec leurs bagages qui consistaient de deux grosses valises et une petite boîte bien enveloppée.

Le voyage se passa sans incident. A leur destination, Madame Gautier espérait voir son père, mais il n'y avait personne ni sur le quai, ni dans la salle d'attente.

«J'espère qu'il n'est pas malade, dit-elle.

— C'est probablement sa voiture qui est malade, répondit son mari. Mais cela n'a pas d'importance, nous pourrons y aller à pied. Laissons les bagages à la gare; je viendrai les chercher plus tard.»

Monsieur et Madame Gautier partirent donc et leurs bagages restèrent dans un coin de la salle d'attente. Deux heures plus tard, le chef de gare arriva dans son plus bel uniforme pour recevoir le Président et un gendarme prit sa place dans la salle d'attente. Soudain, il remarqua les bagages des Gautier et — quelle horreur! — de la petite boîte venait un bruit — tic, tac, tic, tac!

«Attention! cria le gendarme en se sauvant. Une bombe! C'est pour le Président!»

Au bout de cinq minutes, le chef de gare avait téléphoné à la gare voisine pour faire arrêter le train présidentiel, le gendarme avait évacué tous les spectateurs de la gare, les pompiers étaient en route et on avait envoyé chercher les ingénieurs militaires.

Lorsque ceux-ci arrivèrent, un officier entra tout seul dans la salle d'attente; doucement il ouvrit la boîte, puis éclata de rire. Il cria au chef de gare: «Venez voir la bombe!»

Dans la boîte il y avait une pendule et une carte sur laquelle se trouvaient quatre mots — Joyeux Noël à Papa. C'était le cadeau que Madame Gautier allait offrir à son père!

1 What did Monsieur and Madame Gautier intend to do for Christmas?
2 How many children would be in the party?
3 What made them choose one particular train?
4 What did the Gautiers do when they reached the Gare Saint-Lazare?
5 Why was Madame Gautier disappointed on reaching the station at the end of their train journey?
6 What did she fear?
7 What solution did Monsieur Gautier find to the problem of reaching their final destination?
8 What did the gendarme think he had discovered which upset the calm of the little station?
9 What precautions were taken as a result of that discovery?
10 What was the explanation of the affair?

(MREB)

11 Saving up for a motorbike

Un soir, que toute la famille était à table, Georges Martin a demandé tout à coup à son père:

«Papa, peux-tu me prêter deux mille francs, s'il te plaît?

— Mon Dieu! s'est écrié son père, stupéfait. Pourquoi as-tu soudain besoin de deux mille francs?

— Je veux acheter une petite moto, a expliqué Georges, et ça coûte trois mille francs.

— Mais tu n'as pas encore seize ans! On te mettra en prison! a protesté Monsieur Martin.

— Dans six mois j'aurai mes seize ans, et il me faut le temps d'apprendre à conduire, a expliqué Georges. Ecoute, tu me donnes vingt-cinq francs par semaine, et je ne dépense presque rien. Alors chaque semaine pendant un an j'ai économisé une vingtaine de francs, ce qui fait que j'ai déjà mille francs à la banque.

— Dans ce cas, a répondu son père, si tu trouves un emploi payé pendant les vacances et peut-être aussi le samedi ou le dimanche, quand tu auras la moitié du prix d'une petite moto, c'est-à dire mille cinq cents francs, je te donnerai le reste de l'argent.»

Le lendemain Georges est allé offrir ses services à presque tout le monde. Il est allé d'abord chez le boucher, mais le boucher avait déjà un garçon qui l'aidait le samedi.

Puis il a frappé à la porte de son voisin, Monsieur Vantour, qui était directeur d'une petite usine, mais Monsieur Vantour n'avait pas de travail à lui offrir.

Ensuite il a fait imprimer dans le journal de la région une petite annonce:

44

Lycéen – presque seize ans – désire emploi –
weekend ou vacances – bonnes références –
contacter Georges Martin – Tél. 27-38-92

Pendant tout le premier weekend après la publication de son annonce, Georges ne se trouvait jamais loin du téléphone. Mais le téléphone n'a pas sonné une seule fois, et personne n'a répondu à son annonce.

Très déçu, Georges en a parlé le lundi matin à son professeur d'anglais, qui lui a proposé de l'accompagner pendant les grandes vacances comme moniteur dans une colonie de vacances qu'il organisait. «Vous n'aurez que cent francs par semaine comme argent de poche, et je ne peux vous offrir davantage, mais la pension est gratuite.

— Alors, si je pouvais passer cinq semaines là-bas, ça me donnerait cinq cents francs – c'est exactement ce qu'il me faut.»

Et c'est de cette façon que Georges a pu s'acheter une petite moto.

1 Quel repas est-ce que les Martin prenaient quand Georges a posé la question importante à son père?
2 Pourquoi Georges a-t-il demandé deux mille francs à son père?
3 Quel âge Georges avait-il à ce moment-là?
4 Combien d'argent Georges avait-il déjà économisé en tout?
5 Qu'est-ce que Monsieur Martin a demandé à Georges de faire avant de lui donner l'argent?
6 Pourquoi Georges est-il allé le lendemain chez le boucher?
7 Comment les personnes qui lisaient l'annonce pouvaient-elles contacter Georges?
8 Qu'est-ce que Georges attendait pendant tout le weekend?
9 Qui a enfin offert à Georges un emploi acceptable?
10 Quelle somme est-ce que Georges allait gagner par semaine dans cette colonie de vacances?

(EAEB)

12 Incident dans le métro

Assis dans le coin du compartiment presque désert, après une longue journée au bureau, Alphonse avait envie de dormir. Mais quand il arriverait chez lui, il lui faudrait se remettre au travail, car les examens pour obtenir son diplôme professionnel n'étaient pas loin. La jolie brune assise en face de lui avait souri gentiment quand il avait levé les yeux, mais il était trop fatigué pour de telles bêtises.

À l'arrêt suivant il n'y avait qu'un vieillard solitaire, qui monta avec difficulté. Quand celui-ci s'assit à côté de la jeune fille, Alphonse se rendit compte que le vieillard avait trop bu.

— Vous aimez les messieurs de mon âge, hein? Voulez-vous sortir avec moi? On pourrait aller prendre un petit verre.

La jeune fille fit semblant de ne rien entendre. Elle regardait du côté d'Alphonse et il lui semblait qu'elle implorait son secours. En prenant son courage à deux mains, le jeune homme s'écria:

— Mademoiselle est ma fiancée, monsieur. Vous nous embêtez. Je vous prie de nous quitter tout de suite.

Le vieillard s'excusa et alla s'asseoir tout au fond du compartiment. La jeune fille se tourna vers Alphonse:

— Je vous remercie, monsieur. Votre idée de dire que j'étais votre fiancée était très intelligente.

Le vieillard disparu, Alphonse n'avait plus sommeil. Cette jeune fille l'intéressait de plus en plus. Il pourrait toujours faire ses études demain soir si elle acceptait une invitation au cinéma ...

1 Alphonse avait sommeil ayant passé beaucoup de temps......
   a à travailler au bureau.
   b à chercher une place.
   c à voyager dans le métro.
   d à dormir dans le coin.

2 Que devrait-il faire en rentrant à la maison?
   a Sortir avec la jolie brune.
   b Se mettre à faire le ménage.
   c Faire des études.
   d Continuer à voyager.

3 Alphonse n'a fait aucun effort pour intéresser la brune......
   a parce qu'il préférait se reposer.
   b parce qu'elle était de l'autre côté.
   c parce qu'il était timide.
   d parce qu'elle était laide.

4 Le vieil homme a demandé à la jeune fille si elle voulait......
   a lui donner de l'alcool.
   b lui céder sa place.
   c sortir avec un homme moins âgé.
   d boire quelque chose avec lui.

5 La jeune fille a fait de son mieux pour......
   a chercher une autre place.
   b chercher une bonne réponse.
   c ne pas le décourager.
   d ne pas faire attention.

6 Alphonse avait l'impression que la jeune fille lui demandait......
   a de ne pas faire attention.
   b de venir à son aide.
   c de secourir le vieillard.
   d de s'asseoir à leurs côtés.

7 Il a demandé au vieil homme......
   a de partir.
   b de prier.
   c de parler plus bas.
   d de les embêter.

8 Qu'est-ce que la jeune fille a dit à Alphonse?
   a Elle a dit qu'elle était intelligente.
   b Elle a demandé à être sa vraie fiancée.
   c Elle s'est plainte de sa conduite.
   d Elle lui a dit merci.

(Joint 16+)

Listening comprehension

Points to remember

1 In items requiring you to answer questions, include all relevant matter. Answer in full sentences unless you are clearly told that this is not necessary.

2 In short multiple choice items, if you are not immediately sure which answer is correct, eliminate those which seem obviously wrong. If this leaves you with more than one, you'll have to go by the 'feel' of the answer (i.e. guess!).

3 If you think you know the right answer immediately, look at the other alternatives just the same, and check to see whether they all seem obviously wrong. If you have any doubts, think again.

4 Tense is very important. Do not be led astray by what people in the dialogue or passage had done, have done, are thinking/planning/intending/want to do. This is usually quite irrelevant to the answer and is often included to distract you! For example, you may be asked to say where the speakers are, and hear something about 'du pain' or 'la boulangerie', suggesting, of course, that the scene is taking place at the baker's. But by listening more carefully, you might hear 'je **viens d**'acheter du pain' or 'je **vais aller** à la boulangerie', which indicate nothing of the kind!

5 Beware of:
  a Words with more than one meaning – la chaîne; le pont; la pêche; le/la livre; montre, porte, lit (verbs and nouns); marché/bon marché; train/en train de, etc.
  b Words which have a similar sound – roue/rue; peu/peur; argent/agent.
  c Words which sound exactly the same – c'est/ces/ses; mai/mais/mes; sur/ sûr.
  d 'Faux amis' (words and expressions which do not mean in English what you might expect them to) – une librairie; le pétrole; le conducteur; le car; une pièce; une canne à pêche, etc.
  e Expressions in French which do not mean literally what they seem to – un coup de main; mal au cœur.

6 Don't panic! It is better to guess an item than to dwell on it and get flustered.

Section A

In this section you will hear a number of short conversations. You will hear each conversation twice. You are to identify who the speakers are:

1 a Two teachers
  b A teacher and a pupil's mother
  c A doctor and a pupil's mother
  d A man and his wife

2 a A doctor and his patient
  b Two hospital patients
  c A hospital patient and a visitor
  d An ambulance man and an injured person

3 a A pupil's mother and a maths teacher
  b A pupil's mother and a headmaster
  c Two pupils' parents
  d Two teachers

4 a A taxi driver and a customer
  b A woman and her husband
  c A lady and a porter
  d An air hostess and a pilot

5 a Une automobiliste et un agent de police
  b Une femme et un chauffeur de camion
  c Une femme et un propriétaire de magasin
  d Un chauffeur de taxi et sa cliente

6 a Un touriste et un employé du syndicat d'initiative
  b Une femme de chambre et le patron de l'hôtel
  c Deux touristes
  d Un touriste et une femme de chambre

7 a Un garçon de restaurant et un client
  b Un garçon de restaurant et son gérant
  c Un employé de banque et un client
  d Un homme et un facteur

48

8 a Deux candidats d'examen
  b Deux camarades de classe
  c Un Français et son correspondant anglais
  d Un examinateur et un candidat d'examen

9 a Une femme aveugle et un agent de police
  b Une automobiliste et un agent de police
  c Deux automobilistes
  d Deux piétons.

10 a Un pompiste et un automobiliste
  b Un mécanicien et un automobiliste
  c Un marchand de légumes et un client
  d Un vendeur d'autos et un client

11 a Un garçon dont le père est à Paris
  b Un garçon qui s'intéresse aux films policiers
  c Un garçon dont la télé est en panne
  d Un garçon qui n'aime pas du tout son école

(SREB)

12 a Un couple qui sort d'une banque
  b Un couple qui paie l'addition
  c Un couple qui cherche un camping
  d Un couple qui se dispute sous la tente

(SREB)

Section B

In this section you will hear a number of short conversations. You will hear each conversation twice. You are to identify what the speakers are doing or where they are:

1 a They are walking in the country.
  b They are at a safari park.
  c They are at the zoo.
  d They are looking at animal pictures.

2 a They are mending a bicycle.
  b They are at the cinema.
  c They are playing tennis.
  d They are watching television.

3 a They are cooking some meat.
  b They are baking a cake.
  c They are eating a meal.
  d They are laying the table.

4 a They are taking a photograph.
  b They are picking flowers.
  c They are working in the garden.
  d They are sticking photos in an album.

5 a On fait réparer une montre.
  b On est à la piscine.
  c On se promène.
  d On est à la plage.

6 a On écrit une lettre.
  b On achète un dictionnaire.
  c On lit un journal anglais.
  d On fait un devoir d'anglais.

49

7 a On achète un cadeau.
  b On vole dans un avion.
  c On cherche un garçon perdu.
  d On fait des projets de vacances.

8 a On attend le train.
  b On travaille dans le jardin.
  c On achète une maison.
  d On rend visite à des amis.

9 a On voyage par le train.
  b On traverse la Manche en
     bateau.
  c On fait une excursion à la plage
     en car.
  d On traverse un pont.

10 a On envoie un paquet.
   b On joue avec un chien.
   c On achète des poissons.
   d On pêche dans la rivière.

11 a Elle regarde un magazine.
   b Elle attend un train.
   c Elle prend l'autobus.
   d Elle lit un journal.

12 a Il boit de l'eau.
   b Il joue dans le sable.
   c Il prend un bain.
   d Il cherche le savon.

(SREB)

13 a A l'aéroport.
   b Sur le bateau.
   c Dans le train.
   d Au garage.

(SREB)

14 a A la librairie.
   b A la banque.
   c Au magasin de vêtements
   d Au bureau de poste.

(SREB)

Section C

In this section you will hear a series of short situations or dialogues, some of which end in a question. You will hear each of them twice. You are to choose the most appropriate endings to the statements, or the most appropriate answers to the questions:

1 a l'aider à les ramasser.
  b l'aider à les comprendre.
  c l'aider à les dicter.
  d l'aider à les lire.

2 a il y remonte.
  b il va à l'Arc de Triomphe.
  c il en prend une photo.
  d il en achète une carte postale.

3 a encaisser les 50F.
  b emprunter les 50F.
  c voler les 50F.
  d rembourser les 50F.

4 a elle le déteste.
  b elle le rate.
  c elle y réussit.
  d elle le revoit.

5 a nous avons envoyé des lettres de
     remerciement.
  b nous avons emballé les cadeaux.
  c nous avons retiré les
     décorations.
  d nous avons souhaité une bonne
     année à tout le monde.

(SREB)

6 a l'automobiliste a dû freiner.
  b l'automobiliste a dû continuer à rouler.
  c l'automobiliste est descendu examiner sa voiture.
  d l'automobiliste s'est arrêté au premier garage.
  (SREB)

7 a nous avons décidé de faire la queue.
  b nous avons décidé d'aller à pied.
  c nous avons décidé de prendre un taxi.
  d nous avons décidé de prendre l'autobus.
  (SREB)

8 a il a couru pour l'attraper.
  b il a laissé sa valise à la consigne.
  c il est allé acheter un billet.
  d il est monté dans le compartiment.
  (SREB)

9 a Je trouve mon mari à la porte.
  b Il est fermé le samedi.
  c Il faut y aller.
  d Absolument tout.

10 a J'attendais mieux de vous.
  b C'est très gentil à vous.
  c Oui, je viens de Marseille.
  d Mes bagages sont à Marseille.

11 a Oui, mais rends-la-moi après.
  b Oui, j'aimerais bien jouer.
  c Non, je ne veux pas jouer.
  d Non, il n'y a pas de balle.

12 a Oui, je fais beaucoup de camping.
  b Moi aussi, je crois qu'il va pleuvoir.
  c Rentrons, je n'ai pas d'imperméable.
  d Toi, tu as raison aussi.

13 a Oui, c'est l'air qui me rend pâle.
  b Oui, je veux avoir chaud.
  c Oui, c'est une bonne idée, ça.
  d Oui, j'espère qu'il fait chaud dehors.

14 a Oui, m'sieur, mais pas avec salle de bains.
  b Non, on ne sert pas de repas le soir.
  c Non, m'sieur, mais il y a un très bon café à côté.
  d Le petit déjeuner est pour deux personnes.

15 a Tu pourrais l'offrir à un autre copain.
  b Tu pourrais payer demain.
  c Tu pourrais acheter un autre billet.
  d Tu pourrais venir avec nous.

16 a Non, je ne vous connais pas, m'sieur.
  b Oui, on m'en a donné un la semaine dernière.
  c Je viens d'arriver . . . Je vais demander à mon collègue.
  d Pas de chance, m'sieur . . . On ne vend pas de briquets.

17 a Non, ce n'est pas marqué.
  b Si, mais il n'y a personne pour nous voir.
  c Non, c'est beaucoup trop long pour traverser.
  d Si, mais le panneau est tombé.

18 a Parce qu'il pleut à verse.
  b Parce que le patron y est.
  c Parce que le patron a des courses à faire.
  d Parce qu'elle veut y poser ses affaires.
  (SREB)

Section D

In this section you will hear a number of short statements. You will hear each statement twice. You have before you a series of four pictures. In each case you are to select the picture which best illustrates what you hear:

1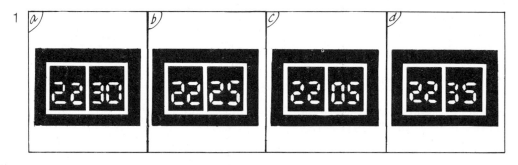

2

3

4

Section E

There now follows a series of texts and dialogues. You will hear each of them twice. Answer the questions (in the appropriate language), giving all the relevant details:

1 Monsieur Costaud has a problem

1 When did the incident take place?
2 Where was Monsieur Costaud going and why?
3 What problem did he encounter en route?
4 How long did the journey take him on this particular morning?
5 How long did it usually take?
6 Where were the two car parks which are mentioned?
7 What did he do when he found they were both full?
8 How long was he in the shop?
9 Where did he put what he had bought?
10 What problem did he have when he wanted to drive off?
11 When he discovered this what did he do first of all?
12 Why did he phone home?
13 Who answered the phone?
14 How did this person help him with his problem?

53

2 A lucky find

1 When did this incident take place?
2 What time of year was it?
3 Where did Pierre go?
4 How did he get there?
5 How old was he at this time?
6 What did Pierre do when he got there and why?
7 At what time did he get up the next morning?
8 What did he do in the morning?
9 And in the afternoon?
10 What did he find?
11 What was his grandmother doing at the time and what did they ask her to do?
12 What further details do we learn about the thing Pierre found?
13 Where did he go the following day and who went with him?
14 What did they do when they got there?
15 What did the man they saw want to know?
16 What was Pierre's answer?
17 What was the man's reaction?

3 An unfortunate choice

1 When and where did the incident take place?
2 What does Louis Lebon do for a living?
3 Where was he on the evening of the incident and what was he doing?
4 Describe the man he saw coming into the building.
5 What reason did the man give for having come to the building?
6 Whom did Louis call as soon as the man had disappeared?

7 How long was the man away?
8 What did he find when he reappeared?
9 Where was the man taken?
10 What was the man ordered to do?
11 What was discovered in his possession?
12 What happened to him then?
13 Why was the man Louis had called puzzled?
14 What explanation did Louis give for his apparently brilliant piece of detective work?

4 An over-anxious father

1 When does the conversation take place?
2 What is the first thing Monsieur Grognard asks his daughter?
3 Why is she unable to answer him?
4 What time did Véronique get back the previous evening?
5 What did she do before coming into the house?
6 How old is Véronique?
7 Where was Monsieur Grognard when Véronique came home the previous evening?
8 How did he know she was back?
9 Where had she been the previous evening and what had she done?
10 What particular aspect of the previous evening's activities worried Monsieur Grognard, and what did he want to know about it?
11 How was she able to reassure him?
12 What sort of person did Monsieur Grognard think Alain probably was?
13 What does Véronique tell her father about him?

54

5 Poetic justice!

Part 1

1 How long had the incidents been going on for?
2 Where had this been going on?
3 What details do we learn about the three men concerned?
4 What sort of people did they tend to pick on?
5 What method did the men use with their victims?
6 What problem did the police have?

Part 2

7 What happened to Madame Bridoux?
8 What did she do instead of informing the police?
9 How did her husband already know about the activities of the men?
10 How old was her husband?
11 What did he do in order to change his appearance?
12 What time of day was it and how busy was the place?
13 Where exactly was he when he was approached by the men?
14 Describe the condition of the three men when Marc left.

Part 3

15 What was a mystery to the police?
16 What special 'qualifications' did Marc have for doing what he did?

6 Accident in a cinema

Part 1

a 1 When did the incident happen?
2 What sort of film were Georges and Edmonde going to see and why?
3 Was George keen on going?

4 Who paid and why?
5 In which part of the cinema were their seats?
6 What did they do before going to their seats?

Part 2

7 What happened when a man arrived?
8 Describe the two other people involved in the incident.
9 What happened to them?

Part 3

10 What did they do and to whom did they complain in the first instance?
11 How did the manager get Georges and Edmonde out into the foyer?
12 What did Georges say to him?
13 What steps did the manager take to see that they never came back?

Part 1

b 1 Qui était Edmonde?
2 Pourquoi est-ce que Georges ne voulait pas aller au cinéma?
3 Qui avait parlé du film à Edmonde?
4 Pourquoi Georges ne pouvait-il pas payer l'entrée au cinéma?

Part 2

5 Pourquoi ont-ils dû se relever après avoir pris leurs places?
6 Qu'est-ce qui est tombé sur les deux personnes en-dessous?
7 Comment étaient ces deux personnes?

Part 3

8 Est-ce que le patron est allé lui-même chercher Georges et Edmonde?
9 Qui ne devait jamais plus laisser Georges et Edmonde entrer au cinéma?
10 Pourquoi était-ce une injustice?

7 Getting to England

1 Why had Marie and Josie wanted to visit England?
2 What two decisions had they made about their holiday?
3 Why did they arrange their holiday in this manner?
4 Where in England did they intend to spend their holiday?
5 What did they do on arriving at the main road?
6 Where did they stand and why?
7 How long did they have to wait?
8 Why were they particularly lucky?
9 What happened an hour later?
10 Why was Jean driving too fast?
11 Who stopped them?
12 What happened to the boys?
13 Why could the girls not get another lift?
14 How far did the girls have to walk?
15 What was happening when the girls arrived at the port?

(SWEB)

8 Wrong information

Part 1
1 Where were the family going on holiday?
2 What did each child want to see there?
3 Where did they go before their holiday?
4 What did they learn there?
5 What did Monsieur Balzac intend to do?

Part 2
6 When did they go to the seaside?
7 Why did they spend so long on the beach?

8 How long did they wait outside the church?
9 What news did they hear from a passer-by?
10 How were they able to make up for their disappointment?

(WMEB)

9 A French family come over to Dover for the day

Section A
1 Where exactly was the village where the Deschamps family lived?
2 What were Thérèse and her mother hoping to buy in Dover?
3 In what way was Thérèse going to make herself particularly useful to her parents?

Section B
4 Where did Thérèse and her mother spend most of the morning?
5 How much did Monsieur Deschamps pay for his camera?
6 Why had Monsieur Deschamps needed to buy a new camera?

Section C
7 Who was Alison Richardson, and where did she live?
8 What did Thérèse do in the telephone kiosk before lifting the receiver to make her phone call?

Section D
9 How did the two families spend the hour together?
10 What did Monsieur Deschamps suddenly realise when they were halfway across the Channel? (Give full details.)

(EAEB)

Section F

In this section you will hear two short dialogues followed by a series of questions. You are to select the most suitable answer to each question. You will hear the dialogues and the questions twice:

Dialogue 1

1 a Les courses ne sont plus si rapides
  b Les enfants font du cyclisme
  c Elle n'est plus seule à la maison
  d Elle passe le temps avec son mari

2 a Qu'il gagne plus d'argent qu'un cycliste
  b Qu'il aime bien sa vie
  c Qu'il gagne moins d'argent qu'un cycliste
  d Qu'il n'aime pas tellement sa vie

3 a Cette année
  b Avant le Tour de France
  c Le vingt-neuf juin prochain
  d L'année prochaine

4 a Rien
  b Il va faire un travail déplaisant
  c Un projet
  d Il n'a pas encore décidé

5 a Son mari la verra moins souvent
  b Elle aura sûrement une autre maison
  c Son mari sera moins souvent absent
  d Elle aura ses deux enfants à la maison

(SREB)

Dialogue 2

1 a Parce qu'elle se couche de bonne heure le matin
  b Parce que maman va partir de bonne heure demain
  c Parce qu'elle n'aura pas le temps demain matin
  d Parce qu'elle va quitter la maison avant le matin

2 a Elle les a oubliés
  b Elle en a encore besoin
  c Elle va se baigner demain
  d Elle a déjà fait sa valise

3 a Parce que Marie est trop âgée pour partir seule
  b Parce que Marie rencontre ses amis pour la première fois
  c Parce que Marie part sans elle pour la première fois
  d Parce que Marie va passer les vacances toute seule

4 a Qu'ils sont trop anxieux
  b Qu'ils sont trop âgés
  c Qu'ils sont trop aimables
  d Qu'ils sont trop indulgents

5 a Une boisson chaude
  b Une couverture en laine
  c De l'eau chaude
  d Du café au lait

(SREB)

57

Listening comprehension
Teacher's section

Section A
Each item is recorded twice.

1 — C'est grave? ... Est-ce qu'elle est
vraiment malade?
— Un tout petit peu de fièvre, madame,
c'est tout.
— C'est qu'elle ne veut pas aller à
l'école aujourd'hui, alors; elle a
probablement une épreuve ou un
examen. Je vais lui demander ...

a Two teachers
b A teacher and a pupil's mother
c A doctor and a pupil's mother
d A man and his wife

2 — Vous êtes là depuis longtemps?
— Depuis trois jours. On m'a opéré
hier. J'ai eu une appendicite. Et
vous?
— On va m'opérer le genou. J'ai eu un
accident d'auto. Dites, quelles sont
les heures de visite?
— Entre deux et six heures.

a A doctor and his patient
b Two hospital patients
c A hospital patient and a visitor
d An ambulance man and an injured
person

3 — Est-ce que mon fils fait des progrès?
— En général il travaille bien; mais son
prof de maths dit qu'il est très faible
en cette matière.
— Que me recommandez-vous?
— Je vous conseille de lui trouver des
leçons particulières.

a A pupil's mother and a maths teacher
b A pupil's mother and a headmaster
c Two pupils' parents
d Two teachers

4 — Vous êtes libre, n'est-ce pas?
Pouvez-vous me conduire à
l'aéroport? Mon avion décolle dans
une heure.
— Oui, madame. Montez! Je vais
mettre vos bagages dans le coffre.

a A taxi driver and a customer
b A woman and her husband
c A lady and a porter
d An air hostess and a pilot

5 — Madame, ne stationnez pas là, je
vous en prie ... Pas devant mon
magasin!
— Mais le stationnement n'est pas
interdit ici!
— Je sais ... mais on va livrer bientôt et
le camion s'arrête toujours devant la
porte.

a Une automobiliste et un agent de
police
b Une femme et un chauffeur de
camion
c Une femme et un propriétaire de
magasin
d Un chauffeur de taxi et sa cliente

6 — Est-ce que ça vous dérange si je
nettoie votre chambre?
— Pas du tout. Je sors maintenant. Je
vais visiter le Louvre aujourd'hui.
— Ah bon. C'est drôle, ça ... J'habite
tout près d'ici mais je n'ai jamais été
au Louvre!

a Un touriste en un employé du
syndicat d'initiative
b Une femme de chambre et le patron
de l'hôtel
c Deux touristes
d Un touriste et une femme de
chambre

7 — Voici l'addition, monsieur. Le service n'est pas compris.
— Oh . . . ça, c'est gênant. Je n'ai ni mon portefeuille ni mon carnet de chèques. Je peux vous laisser mon adresse.
— Attendez, m'sieur. Je vais appeler le gérant.

a Un garçon de restaurant et un client
b Un garçon de restaurant et son gérant
c Un employé de banque et un client
d Un homme et un facteur

8 — A qui est-ce que tu écris?
— A mes camarades de classe.
— Tu as de la chance d'être en France au lieu d'être là-bas à l'école.
— Oui, c'est vrai. Surtout quand mes camarades ont un examen en ce moment.

a Deux candidats d'examen
b Deux camarades de classe
c Un Français et son correspondant anglais
d Un examinateur et un candidat d'examen

9 — Vous êtes aveugle, non? Vous n'avez pas vu le panneau? C'est moi qui avais la priorité.
Mais vous conduisiez trop vite, voyons!
— C'est la police qui décidera de ça. Je vais l'appeler tout de suite.

a Une femme aveugle et un agent de police
b Une automobiliste et un agent de police
c Deux automobilistes
d Deux piétons

10 — Le problème, c'est la pompe à essence. Il faudra la remplacer. Elle ne marche plus.
— Pouvez-vous le faire aujourd'hui?
— D'abord j'ai à réparer cette Citroën.

Mais je crois que je pourrai le faire cet après-midi. Laissez votre voiture là-bas à côté de la Simca.

a Un pompiste et un automobiliste
b Un mécanicien et un automobiliste
c Un marchand de légumes et un client
d Un vendeur d'autos et un client

11 — Bonsoir, Michel. Est-ce que je peux venir chez vous voir le film policier? Papa veut absolument regarder le documentaire sur l'histoire de Paris. Moi, je n'aime pas ça. Nous le faisons à l'école.

a Un garçon dont le père est à Paris
b Un garçon qui s'intéresse aux films policiers
c Un garçon dont la télé est en panne
d Un garçon qui n'aime pas du tout son école

(SREB)

12 — Ça fait le sixième camping où on est passé sans trouver de place.
— Pourquoi ne pas aller dans une pension? Je paierai cette fois. Je suis allée à la banque ce matin.

a Un couple qui sort d'une banque
b Un couple qui paie l'addition
c Un couple qui cherche un camping
d Un couple qui se dispute sous la tente

(SREB)

Section B
Each item is recorded twice.

1 — Regardez! Il y a des lions là-bas . . . sous les arbres.
— Je préfère les voir en liberté comme ça . . . pas dans des cages . . . ça, je trouve cruel.
— Attention! Ne baissez pas la glace . . . c'est dangereux!

a They are walking in the country.
b They are at a safari park.
c They are at the zoo.
d They are looking at animal pictures.

2 — A quelle heure il commence, le film?
— Dans deux minutes.
— Bon, je vais changer de chaîne.
— Mais attends ... Le tennis n'est pas encore fini!

a They are mending a bicycle.
b They are at the cinema.
c They are playing tennis.
d They are watching television.

3 — Est-ce qu'il faut y mettre du sel?
— Oui, il faut y mettre une pincée ... et du poivre aussi.
— Combien de temps est-ce que ça doit rester au four?
— Une heure et demie selon la recette.

a They are cooking some meat.
b They are baking a cake.
c They are eating a meal.
d They are laying the table.

4 — Avance un peu!
— Comme ça?
— Oui, mais ne regarde pas vers moi ... Regarde vers les roses ... Ne bouge pas ... Ça y est!

a They are taking a photograph.
b They are picking flowers.
c They are working in the garden.
d They are sticking photos in an album.

5 — Tu as oublié d'enlever ta montre.
— Zut! Attends-moi ici ... Je vais retourner au vestiaire la mettre dans le casier avec mes vêtements.
— Ah non ... J'ai froid ... Je vais tout de suite dans l'eau.

a On fait réparer une montre.
b On est à la piscine.
c On se promène.
d On est à la plage.

6 — Que veut dire 'flat'?
— Je ne sais pas ... Je vais chercher dans le dictionnaire.
— J'en ai marre de M. Benoît et de ses traductions ... Elles sont toujours tellement longues et difficiles.
— Le pire c'est qu'il faut les faire en une soirée.

a On écrit une lettre.
b On achète un dictionnaire.
c On lit un journal anglais.
d On fait un devoir d'anglais.

7 — Je cherche quelque chose pour mon fils qui a neuf ans.
— Eh bien, nous avons des maquettes d'avion. Ça lui plairait?
— C'est une très bonne idée ... Je prends celle-ci, je crois.

a On achète un cadeau.
b On vole dans un avion.
c On cherche un garçon perdu.
d On fait des projets de vacances.

8 — Le jardin est un peu trop petit, mais j'aime bien ce salon-salle à manger ... Il est si spacieux.
— Il faut penser au prix, chéri.
— Oui, je sais ... Mais elle est située tout près de la gare. C'est tellement pratique pour ton travail.

a On attend le train.
b On travaille dans le jardin.
c On achète une maison.
d On rend visite à des amis.

9 — Tu veux aller sur le pont?
— Si tu veux. Tu crois qu'on pourra bientot voir la côte? ... les falaises blanches de Douvres?
— Oui, on arrive au port dans une demi-heure à peu près.

a On voyage par le train.
b On traverse la Manche en bateau.
c On fait une excursion à la plage en car.
d On traverse un pont.

10 — Vite! Mets le filet dessous . . . sinon
il va s'échapper.
— Dis donc, il est gros! On va le peser.
— Qu'est-ce que c'est?
— C'est une carpe comme les autres
qu'on a attrapés.

a On envoie un paquet.
b On joue avec un chien.
c On achète des poissons.
d On pêche dans la rivière.

11 — Vous devez attendre encore trois
quarts d'heure, madame, avant
l'arrivée du prochain train.
— Oh là là! On peut acheter un journal
ou un magazine ici?
— Oui, là-bas à la sortie de la gare près
de l'arrêt d'autobus.

a Elle regarde un magazine.
b Elle attend un train.
c Elle prend l'autobus.
d Elle lit un journal.

12 — N'oublie pas de te servir du savon,
Pierre. Tu es très sale aujourd'hui
après avoir joué dans le sable.
— Non, maman. Mais je veux jouer
encore un peu dans l'eau.

a Il boit de l'eau.
b Il joue dans le sable.
c Il prend un bain.
d Il cherche le savon.

(SREB)

13 — Eteignez votre cigarette, monsieur.
On ne doit jamais fumer en faisant
le plein. C'est strictement interdit!
— Oh, pardon. Après un si long
voyage on devient tellement distrait.

a A l'aéroport.
b Sur le bateau.
c Dans le train.
d Au garage.

(SREB)

14 — Vous désirez, mademoiselle? Ah,
c'est pour changer de l'argent.
— S'il vous plaît. La livre vaut combien
aujourd'hui?
— 8F 50, mademoiselle. Vous avez 20
livres, mademoiselle? Alors, vous
devez aller à la caisse là-bas.

a A la librairie.
b A la banque.
c Au magasin de vêtements.
d Au bureau de poste.

(SREB)

Section C
Each item is recorded twice.

1 Voyant que sa secrétaire avait laissé
tomber par terre des documents
importants, le directeur s'est levé pour
. . . . . .

a l'aider à les ramasser.
b l'aider à les comprendre.
c l'aider à les dicter.
d l'aider à les lire.

2 M. Legrand fait l'ascension de la tour
Eiffel et il est très impressionné! Il veut
garder un souvenir de ce monument,
mais il a laissé son appareil photo chez
lui. Donc . . . . . ,

a il y remonte.
b il va à l'Arc de Triomphe.
c il en prend une photo.
d il en achète une carte postale.

3 La semaine dernière Charles a prêté
50F à un copain. Aujourd'hui son
copain, qui vient de recevoir sa paie, va
chez lui pour . . . . . .

a encaisser les 50F.
b emprunter les 50F.
c voler les 50F.
d rembourser les 50F.

61

4 Jeanne est très paresseuse. Elle ne prépare pas son examen d'anglais et par conséquent ......

   a elle le déteste.
   b elle le rate.
   c elle y réussit.
   d elle le revoit.

5 Le 24 décembre, comme c'était la veille de Noël ......

   a nous avons envoyé des lettres de remerciements.
   b nous avons emballé les cadeaux.
   c nous avons retiré les décorations.
   d nous avons souhaité une bonne année à tout le monde.

(SREB)

6 L'automobiliste roulait à toute vitesse. Soudain le feu est passé au rouge et ......

   a l'automobiliste a dû freiner.
   b l'automobiliste a dû continuer à rouler.
   c l'automobiliste est descendu examiner sa voiture.
   d l'automobiliste s'est arrêté au premier garage.

(SREB)

7 Comme il y avait beaucoup de monde à l'arrêt d'autobus et que nous étions en retard ......

   a nous avons décidé de faire la queue.
   b nous avons décidé d'aller à pied.
   c nous avons décidé de prendre un taxi.
   d nous avons décidé de prendre l'autobus.

(SREB)

8 M. Pasteur est arrivé à la petite gare de campagne, mais comme le train ne partait pas ce jour-là ......

   a il a couru pour l'attraper.
   b il a laissé sa valise à la consigne.
   c il est allé acheter un billet.
   d il est monté dans le compartiment.

(SREB)

9 — Je vais au supermarché tous les vendredis soirs avec mon mari faire un «shopping géant»!
   — Vous y trouvez tout ce qu'il vous faut?

   a Je trouve mon mari à la porte.
   b Il est fermé le samedi.
   c Il faut y aller.
   d Absolument tout.

10 — C'est bien le train pour Marseille, jeune homme?
   — Oui, madame. Est-ce que je peux vous aider à installer vos bagages?

   a J'attendais mieux de vous.
   b C'est très gentil à vous.
   c Oui, je viens de Marseille aussi.
   d Mes bagages sont à Marseille.

11 — Salut! Qu'est-ce que vous faites, les gars?
   — On aimerait jouer au ping-pong mais on a seulement une raquette. Est-ce que tu en as une, Philippe?

   a Oui, mais rends-la-moi après.
   b Oui, j'aimerais bien jouer.
   c Non, je ne veux pas jouer.
   d Non, il n'y a pas de balle.

12 — Qu'est-ce qu'il fait froid!
   — Tu as raison, mon vieux ... Et il commence à pleuvoir aussi. Tu veux continuer ou tu veux rentrer au camping?

   a Oui, je fais beaucoup de camping.
   b Moi aussi, je crois qu'il va pleuvoir.
   c Rentrons, je n'ai pas d'imperméable.
   d Toi, tu as raison aussi.

13 — Qu'est-ce qu'il fait chaud ici!
— Dis, Georges, tu as l'air pâle! Tu veux sortir prendre l'air?

a Oui, c'est l'air qui me rend pâle.
b Oui, je veux avoir chaud.
c Oui, c'est une bonne idée, ça.
d Oui, j'espère qu'il fait chaud dehors.

14 — Je voudrais une chambre pour deux personnes avec salle de bains.
— Certainement, m'sieur.
— Est-ce qu'on peut prendre le petit déjeuner à l'hôtel?

a Oui, m'sieur, mais pas avec salle de bains.
b Non, on ne sert pas de repas le soir.
c Non, m'sieur, mais il y a un très bon café à côté.
d Le petit déjeuner est pour deux personnes.

15 — Je ne peux pas venir au concert après tout.
— Tu ne peux pas venir? Mais je t'ai acheté un billet! Ça m'a coûté 30F! Qu'est-ce que j'en fais maintenant?

a Tu pourrais l'offrir à un autre copain.
b Tu pourrais payer demain.
c Tu pourrais acheter un autre billet.
d Tu pourrais venir avec nous.

16 — Monsieur, vous avez perdu quelque chose?
— Oui, j'ai perdu un briquet ce matin . . . un briquet en or avec mes initiales dessus, Est-ce qu'on vous l'a apporté?

a Non, je ne vous connais pas, m'sieur.
b Oui, on m'en a donné un la semaine dernière.
c Je viens d'arriver . . . Je vais demander à mon collègue.
d Pas de chance, m'sieur . . . on ne vend pas de briquets.

17 — Si on traversait ce champ? Ce serait beaucoup plus court.
— Mais regarde! C'est marqué «Défense d'entrer». Tu n'as pas vu le panneau?

a Non, ce n'est pas marqué.
b Si, mais il n'y a personne pour nous voir.
c Non, c'est beaucoup trop long pour traverser
d Si, mais le panneau est tombé.

18 A cause de la pluie une femme qui a déjà beaucoup de paquets demande au patron d'un café si elle peut laisser ses affaires là pendant qu'elle finit ses courses. Le patron lui dit de les poser derrière le comptoir. Pourquoi est-ce que la femme va derrière le comptoir?

a Parce qu'il pleut à verse.
b Parce que le patron y est.
c Parce que le patron a des courses à faire
d Parce qu'elle veut y poser ses affaires.

(SREB)

Section D

Each item is recorded twice.

1 M. Durand a voulu prendre le train de 22 h. 30. Il est arrivé cinq minutes en retard et il a manqué son train. A quelle heure est-il arrivé?

2 Marie aime jouer au tennis. Elle vient de descendre de sa chambre où elle a mis ses

vêtements de sport. Son frère, Louis, n'est pas sportif. Il ne va pas sortir. Il va rester assis dans un fauteuil à regarder la télé. Qu'est-ce qui se passe en ce moment?

3 En se réveillant ce matin Marc se sentait malade. Sa mère lui a dit de rester couché et de ne pas aller à l'école. Elle lui apporte son petit déjeuner au lit. Plus tard elle va appeler le docteur. Qu'est-ce qui se passe en ce moment?

4 Mme Lacroix attend son mari. Elle vient de faire des achats au supermarché et elle porte un sac plein de provisions. Elle se tient devant une boucherie. Elle cause avec une amie. Qu'est-ce qui se passe en ce moment?

5 M. Lamartine va au restaurant. C'est un restaurant libre-service – donc il faut se servir: il n'y a ni garçons ni serveuses. Il prend un steak-frites, une carafe de rouge et une glace. Puis il sort son argent et paie à la caisse. Qu'est-ce qui se passe en ce moment?

6 M. Picard est en train de signer les lettres qu'il a dictées à sa secrétaire ce matin. Sa secrétaire est bien contente car, tout en signant, M. Picard lui dit qu'elle ne devra pas aller à la Poste ce soir et qu'elle peut rentrer tout de suite pour le goûter. Qu'est-ce qui se passe en ce moment?

(SREB)

Section E
Each passage is recorded once, but should be played twice.

1 Monsieur Costaud has a problem

Samedi dernier M. Costaud est allé en ville en voiture acheter du bois pour réparer le toit de son garage. Il y avait tant de circulation, tant d'embouteillages, que le trajet de chez lui au centre, qui dure d'habitude à peine dix minutes, a duré ce matin-là presque trois quarts d'heure. Le parking municipal à côté de la mairie était plein, et sur le parking devant la Poste toutes les places étaient prises aussi. Furieux, il a décidé enfin de stationner devant le magasin même où le stationnement était interdit et de risquer une amende.

Il est resté à peu près un quart d'heure dans le magasin, puis il est sorti portant le bois sous le bras. Il a attaché les quatre planches sur le porte-bagages de la voiture avec de la corde. Il a mis les petits morceaux de bois dans le coffre et l'a fermé. Puis il a cherché ses clefs. Ne les trouvant pas sur lui, il est rentré dans le magasin demander si on les avait trouvées. Personne ne les avait vues. Puis il a compris! Il les avait enfermées dans le coffre! Que faire? Il savait que sa femme avait une deuxième clef. Il lui a donc téléphoné. Son fils a répondu lui disant que Mme Costaud était sortie. Mais heureusement elle avait laissé son sac au salon. Il a pris la clef dans le sac de sa mère, est monté sur son vélomoteur et dix minutes plus tard son père a pu ouvrir la portière de sa voiture et démarrer. Quel soulagement!

2 A lucky find

L'an dernier Pierre Mercier a passé deux semaines de ses vacances d'été chez ses grands-parents à la campagne. Il avait alors dix ans. Ses parents l'y ont emmené par le train. Ils y sont arrivés tard le soir. Après avoir mangé un bol de soupe, Pierre, qui était très fatigué, est monté tout de suite se laver et se coucher.

Le lendemain Pierre s'est levé de bonne heure, a pris son petit déjeuner et a fait une longue promenade avec son grand-père. Puis l'après-midi il l'a aidé dans son jardin. Pendant que son grand-père bêchait, Pierre a vu un petit objet par terre et l'a ramassé.

«Je crois que c'est une pièce de monnaie», lui a dit son grand-père. «Grand-mère fait la vaisselle en ce moment; on va lui demander de la nettoyer.»

Quand l'objet a été lavé, ils ont vu que c'était en effet une pièce de monnaie – une pièce de monnaie romaine portant la tête d'un empereur romain et une inscription en latin!

Le lendemain ils sont allés tous les trois au musée municipal de Nîmes, la ville la plus proche, où ils ont montré la pièce au directeur du musée. Le directeur a demandé à Pierre s'il avait l'intention de la garder. Pierre a répondu qu'il aimerait mieux la présenter au musée. Le directeur était ravi!

3 An unfortunate choice

Avant-hier un incident s'est passé dans l'immeuble où Louis Lebon travaille comme concierge. Vers huit heures du soir il était assis dans sa loge à lire son journal quand il a vu entrer dans le bâtiment un jeune homme d'une vingtaine d'années qu'il ne connaissait pas. Ce jeune homme, un grand type moustachu aux cheveux longs, portait une valise.

«Vous cherchez quelqu'un?» lui a demandé Louis.

«Ça va ... Pas de problème ...» lui a répondu l'étranger. «Je suis venu voir mon copain Pierre Lemarchand qui habite au troisième étage. Il sait que je viens ce soir ... Il m'a téléphoné ce matin.»

Louis l'a laissé monter, puis il a décroché le téléphone ...

Vingt minutes plus tard le jeune homme est redescendu. En bas de l'escalier il a trouvé non seulement Louis mais aussi un agent de police qui lui a demandé de l'accompagner dans l'appartement de Louis. Là il lui a fait ouvrir la valise. A l'intérieur se trouvaient de l'argent et des objets de valeur, des montres, des bijoux, des perles ... L'agent a arrêté le jeune homme. Mais avant de l'emmener au commissariat de police il s'est tourné vers Louis et lui a demandé:

«Comment saviez-vous que c'était un voleur et pas un visiteur légitime?»

«Parce qu'il a menti en arrivant,» a répondu Louis. «Il a évidemment choisi le nom de Pierre Lemarchand sur un des casiers dans le hall d'entrée et m'a dit que M. Lemarchand lui avait téléphoné aujourd'hui.»

«Et alors?» a demandé l'agent.

«Eh, bien, il a mal choisi,» a répondu le concierge. «M. Lemarchand a déménagé la semaine dernière!»

4 An over-anxious father

M. Grognard et sa fille prennent le petit déjeuner ensemble. M. Grognard a à discuter de quelque chose avec elle ...

— Dis, Véronique, à quelle heure tu es rentrée hier soir?

— Je ne sais pas exactement, papa. Je ne portais pas de montre.

— Eh bien, ma fille, je vais te le dire. Tu es rentrée à minuit, puis tu es restée une heure assise dans une voiture avec ... avec qui? ... oui, j'aimerais bien le savoir.

— Tu m'as espionnée! Voyons, papa, j'ai seize ans. Tu n'as pas besoin d'observer tous mes mouvements comme si j'avais quatorze ans.

— Je ne t'ai pas espionnée. J'étais au lit, j'ai entendu une voiture s'arrêter devant la maison et je me suis levé pour voir qui c'était. Où es-tu allée hier soir?

— Tout d'abord je suis allée au foyer des jeunes. Alain est arrivé et on est allé à la plage. On s'est baigné et on s'est promené un peu. Puis on est rentré chez lui prendre un café et écouter des disques.

— Tu es rentrée chez lui? Vous y étiez seuls, vous deux?

— Non, papa, ses parents étaient là.

— Qui c'est, cet Alain? Un petit voyou, sans doute . . . sans emploi, sans argent, et qui prend la voiture de son père pour impressionner les filles. Qui c'est?

— Alain, c'est le fils du directeur de ton école, cher papa! Il a vingt-six ans, travaille dans une banque et gagne probablement plus que toi!

5 Poetic justice

Part 1

Depuis plusieurs mois dans une certaine station de métro à Paris des voyageurs avaient été terrorisés par trois jeunes hommes entre vingt et vingt-cinq ans qui portaient des blue-jeans usés, des blousons noirs en cuir et des lunettes de soleil. Les victimes étaient ou des femmes ou des personnes âgées. C'était toujours la même histoire. La victime se trouvait toute seule dans un couloir, deux jeunes gens s'approchaient par devant, un troisième par derrière, puis un des hommes menaçait la victime d'un couteau et demandait de l'argent. Personne n'osait ni crier ni résister. Quand la police arrivait ils avaient toujours disparu.

Part 2

Un soir ils ont choisi comme victime une certaine Mme Bridoux et ont pris son sac à main. Elle n'a pas alerté la police, mais, rentrée à la maison, elle a expliqué à son mari ce qui s'était passé. Son mari, Marc, avait lu un article sur ces jeunes gens dans le journal et il a décidé de mettre fin à leurs activités.

Il s'est donc déguisé en vieil homme (il n'avait en réalité que 22 ans) en mettant des lunettes, une casquette, un long pardessus, et en marchant le dos courbé à l'aide d'une canne, puis il est allé dans la station de métro et s'est mis à monter et à descendre lentement les longs couloirs en attendant les trois jeunes hommes. C'était au milieu de l'après-midi – il n'y avait presque personne dans les couloirs. Après deux heures, en montant un escalier il s'est trouvé tout d'un coup face à face avec deux jeunes gens. Il s'est retourné . . . un autre se tenait derrière lui, un couteau à la main. La lutte n'a pas duré longtemps . . . après à peine deux minutes les trois hommes étaient étendus par terre au pied de l'escalier. Un des trois avait un bras cassé, un autre avait perdu plusieurs dents, le troisième saignait abondamment du nez. Son travail fini, Marc s'en est allé.

Part 3

La police, qui n'a rien su de l'incident, n'a jamais pu expliquer pourquoi les attaques se sont arrêtées si brusquement.

Vous vous demandez peut-être comment Marc a pu se défendre contre trois hommes. Eh bien, il est ceinture noire en judo – il a l'habitude de se défendre!

6 Accident in a cinema

Part 1

Georges Lemarchand et sa petite amie Edmonde sont allés au cinéma hier soir voir un film d'amour. Les copines d'Edmonde le lui avait recommandé. Georges, lui, n'aime pas ce genre de film mais il a accepté pour faire plaisir à Edmonde.

Puisque Georges avait dépensé tout son argent en s'achetant une guitare, c'est Edmonde qui a payé l'entrée. Ils ont pris deux places au balcon. En passant par le foyer ils se sont acheté des glaces.

Le film principal venait tout juste de commencer quand ils sont entrés dans la salle. L'ouvreuse leur a montré leurs places qui étaient au premier rang. Edmonde lui a donné un pourboire et ils se sont assis. En s'installant ils ont mis leurs glaces sur le rebord devant eux.

Part 2

Puis un homme est arrivé et ils ont dû se lever pour le laisser passer. Mais comme il passait devant eux, le manteau qu'il portait sur le bras a fait tomber les deux glaces. Elles sont tombées sur deux personnes assises en-dessous à l'orchestre. Une des glaces est tombée sur l'épaule d'une dame élégante qui portait un manteau de fourrure, l'autre sur la tête chauve de son mari. Ils ont poussé des cris et sont sortis dans le foyer où ils ont protesté auprès de l'ouvreuse. Alerté par le bruit, le patron du cinéma est sorti de son bureau.

Part 3

Quand il a appris ce qui s'était passé il a envoyé l'ouvreuse au balcon chercher les malfaiteurs. A l'aide de sa lampe elle a trouvé Georges et Edmonde et leur a dit de la suivre. Georges a protesté de leur innocence, mais en vain. Le patron leur a dit de quitter le cinéma tout de suite et a dit à la caissière de bien les regarder et de ne jamais plus les laisser entrer dans le cinéma. Quelle injustice, n'est-ce pas?

7 Getting to England

Deux jeunes filles, Marianne et Josie, voulaient visiter l'Angleterre parce qu'elles apprenaient la langue depuis cinq ans. Comme elles n'avaient pas beaucoup d'argent, elles avaient décidé de faire de l'autostop jusqu'au port et de faire du camping dans le sud-ouest du pays.

Arrivées à la grand'route, elles ont caché leurs sacs à dos derrière un arbre et ont attendu à un carrefour où les voitures devaient ralentir.

Elles attendaient depuis cinq minutes seulement, quand une voiture s'est arrêtée. Là-dedans il y avait deux jeunes hommes qui allaient au même port. Quelle chance! Une heure plus tard les deux jeunes hommes ont invité les amies à déjeuner avec eux dans un café routier. Elles ont accepté avec plaisir. Après un bon repas et plusieurs verres de vin, les jeunes gens se sont remis en route.

Mais Jean, le chauffeur, conduisait trop vite à cause du vin qu'il avait bu. Peu de temps après, ils ont été arrêtés par deux agents de police qui ont tout de suite emmené les deux jeunes hommes au commissariat.

Les deux jeunes filles n'ont pas réussi à stopper une autre voiture parce que c'était une route droite où les voitures roulaient très vite. Après avoir fait cinq kilomètres à pied, elles sont enfin arrivées sur le quai pour voir le bateau disparaître dans le lointain.

(SWEB)

8 Wrong information

Part 1

La famille Balzac allait en Bretagne.

«Je voudrais bien voir un Pardon,» a dit Mariette.

«Les fêtes religieuses! Ça ne m'intéresse pas,» s'est écrié son frère, Jean-Jacques. «Je préfère les parties de boules.»

«Il y aura le temps de tout faire,» a répondu leur mère, en souriant. Avant de partir ils sont allés au syndicat d'initiative pour prendre des renseignements sur la région. On leur a dit qu'on jouait aux boules à peu près partout en Bretagne, mais que les Pardons n'avaient lieu que certains jours par an.

«Nous allons essayer d'en voir un tout de même,» a dit Monsieur Balzac.

Part 2

Arrivés en Bretagne, ils ont visité beaucoup de jolis coins. Au début de la deuxième semaine il devait y avoir un Pardon dans une ville au bord de la mer.

«On nous a dit que c'est l'après-midi,» a dit Monsieur Balzac. «Allons d'abord à la plage.»

C'était une belle plage et il faisait un temps splendide. Il était déjà une heure et demie lorsqu'ils ont quitté la mer pour se diriger vers la ville.

Après avoir attendu un bon quart d'heure sur la place devant l'église, Madame Balzac a demandé à une vieille dame qui passait:

«N'y a-t-il pas de Pardon aujourd'hui?»

«Mais si. C'était ce matin,» lui a-t-elle répondu.

Tout le monde a été déçu d'avoir manqué le Pardon. Heureusement il y avait un marchand de glaces sur la place, et ils sont restés jusqu'au soir pour aller à la foire.

(WMEB)

9 A French family come over to Dover for the day

Section A

Thérèse Deschamps et ses parents habitaient un petit village sur la côte, à treize kilomètres de Calais. Un jour ils ont décidé de prendre le ferry pour aller en excursion à Douvres, où ils voulaient faire des achats dans les magasins anglais. Les vêtements surtout sont beaucoup moins chers en Angleterre, et Thérèse et sa mère avaient besoin de vêtements chauds pour l'hiver. Aussi Thérèse, qui était forte en anglais, allait faire l'interprète pour ses parents qui ne parlaient pas du tout l'anglais.

Section B

Une fois à Douvres, Thérèse et sa mère ont passé presque toute la matinée au rayon de vêtements de femmes d'un grand magasin. Pendant ce temps, Monsieur Deschamps a trouvé un magasin de photos où il s'est acheté un appareil japonais à soixante-quinze livres sterling. C'était pour remplacer celui qu'on lui avait volé l'année passée.

Section C

Thérèse a voulu téléphoner à sa correspondante anglaise, Alison Richardson, qui habitait près de Douvres. C'était pour lui faire une surprise. Alors elle a trouvé une cabine téléphonique et a lu soigneusement les indications: LIFT RECEIVER, ça veut dire: décrocher. DIAL THE NUMBER, et elle a composé le numéro des Richardson. Puis elle a introduit une pièce de dix pence et a parlé à Alison.

Section D

A la suite de cette conversation au téléphone, Mr Richardson est venu à Douvres en voiture chercher les Deschamps, et ils ont tous passé une heure agréable chez les Richardson à bavarder et à boire du thé anglais. Puis ils sont retournés à Douvres pour prendre le ferry qui partait à cinq heures et demie.

   Ils étaient déjà au milieu de la Manche quand Monsieur Deschamps s'est soudain rendu compte qu'il avait laissé son appareil photographique neuf sur le siège arrière de la voiture de Mr Richardson.

(EAEB)

Section F

Each passage is recorded once, but should be played twice.

1 On interviewe la femme d'un champion cycliste . . .
   — Vous pensez au danger quand il est sur la route?
   — Oui, j'y pense. Mon mari a déjà fait deux chutes graves, et son entraîneur a perdu la vie.
   — Vous êtes souvent séparés.
   — Oui. Au début c'était très dur car je n'aimais pas rester seule. A présent avec les enfants le temps passe plus vite.
   — Votre mari gagne sûrement beaucoup d'argent.
   — Il gagne bien sa vie, mais pas autant qu'un champion de football par exemple.
   — Quand pense-t-il se retirer de la compétition?
   — Quand il aura trente ans. Il va avoir vingt-neuf ans au mois de juin. Donc ce sera pour l'année prochaine. Mais avant il va courir le Tour de France de cette année.
   — A-t-il des projets pour l'avenir?
   — Rien de précis encore. L'essentiel c'est qu'il trouve un travail qui lui plaise.
   — Votre vie à tous les deux va sûrement changer.
   — Oui, je l'aurai un peu plus souvent à la maison.

1 Pourquoi est-ce que la femme du champion est plus heureuse aujourd'hui?
2 Qu'est-ce que la femme dit au sujet d'un footballeur?
3 Quand le champion va-t-il se retirer de la compétition?
4 Qu'est-ce que le champion va faire à l'avenir?
5 Comment la vie de la femme du champion va-t-elle changer?

(SREB)

2 — Alors, Marie, ta valise est faite? Tu dois tout préparer avant de te coucher car tu pars de très bonne heure demain.
   — Tout est prêt, maman, sauf mes articles de toilette dont je me servirai encore demain matin. Mais je ne les oublierai pas.
   — Dis donc, Marie, où est la liste de tes vêtements?
   — Oh, maman, il n'y a pas besoin de liste. Je remporterai tout quand je reviendrai. Et de toute façon je vais chez des amis.
   — Mais tu pars seule pour le première fois. Il n'y aura pas maman pour t'aider. Moi, quand j'étais jeune . . .

— Toi, quand tu étais jeune, tu as été traitée en bébé jusqu'à l'âge de dix-huit ans. Aujourd'hui les jeunes sont beaucoup plus indépendants.
— Trop indépendants quelquefois. Mais va prendre ton bain. Puis, au lit! Je te monterai du lait chaud pour te faire dormir.

1 Pourquoi est-ce que Marie prépare sa valise ce soir?
2 Pourquoi est-ce que Marie n'a pas encore mis quelques articles dans sa valise?
3 Pourquoi est-ce que maman se montre un peu inquiète?
4 Qu'est-ce que Marie pense des parents d'aujourd'hui?
5 Qu'est-ce que la mère va apporter à Marie pour la faire dormir?

(SREB)

Talking and writing about pictures

Points to remember

a Pictures with questions

1 Check carefully exactly what is being asked, and answer appropriately. You will get no credit for a sentence in perfect French if it doesn't answer the question!

2 Check especially carefully that you answer in the correct tense.

3 Answer in complete sentences unless you are clearly told you need not do so.

b Pictures for description

1 Make short, accurate statements about the pictures. Avoid complicated statements which you are not sure how to express. Look for things you know you can say, rather than attempt to translate difficult ideas into French.

2 When asked to describe individual pictures in the present tense, remember that you need not restrict yourself to the simple present tense of the various verbs. You can also say:
— What the person has just done: **Il vient (tout juste) de** + *inf.*
— What he's in the process of doing: **Il est en train de** + *inf.*
— What he's possibly/probably going to do: **Il va peut-être/probablement** + *inf.*
— What he's about to do: **Il est sur le point de** + *inf.*
— What he intends to do: **Il a l'intention de** + *inf.*
— What he wants/is hoping to do: **Il a envie de/veut/compte/espère** + *inf.*
— What he seems to be doing: **Il semble** + *inf.*

71

Answering questions on pictures

Study the pictures and then answer in French the questions beneath them:

1
1 Où est l'homme?
2 Pourquoi est-ce qu'il court?
3 Pourquoi a-t-il l'air fâché?
4 Qu'est-ce qu'il porte?
5 Comment venez-vous à l'école?

2
1 Où est-ce que la dame a mis les provisions?
2 Combien doit-elle payer?
3 Qu'est-ce que l'enfant vient de faire?
4 Que faisait la dame quand elle a entendu tomber la bouteille?
5 Quelle est la réaction de la caissière?

3
1 Qu'est-ce que la dame va faire?
2 Qu'est-ce qu'elle a emmené avec elle?
3 Qui est là aussi?
4 Comment savez-vous qu'il va ouvrir la boîte aux lettres?
5 Où allez-vous pour acheter des timbres-poste?

4
1 Pourquoi est-ce un jour spécial?
2 Que fait l'homme?
3 Qui est-il probablement?
4 Qu'est-ce que la fille lui dit, pensez-vous?
5 Quelle est la date de votre anniversaire?

72

1 Où sont ces personnes?
2 Que font les deux personnes au
   fond de l'image?
3 Pourquoi la dame est-elle fâchée?
4 Que fait la jeune femme au premier
   plan?
5 Quand êtes-vous allé(e) la dernière
   fois à la plage?

1 Quel temps fait-il?
2 Où est-ce que les jeunes gens
   espèrent aller?
3 Est-ce que leur destination est
   lointaine?
4 Comment voyagent-ils?
5 Qui s'est arrêté pour les emmener?

1 Où sont le jeune homme et la jeune
   femme?
2 Pourquoi ne sont-ils pas contents?
3 Qu'est-ce qu'ils vont faire
   maintenant?

1 Que dit le garçon à la fillette?
2 Pourquoi est-il monté dans le
   pommier?
3 A la place de la jeune fille, que
   feriez-vous?

(SWEB)

(SWEB)

73

1 Où l'autobus s'arrête-t-il?
2 Combien de personnes attendent l'autobus?
3 Quels autres véhicules voit-on?
4 Le petit garçon près de l'autobus, qu'est-ce qu'il tient à la main?
5 Quels autres articles vend-on tout près?
6 Comment savez-vous qu'il pleut?

7 Quels magasins voyez-vous dans la rue?
8 Quelle heure est-il?
9 Que porte le monsieur qui attend l'autobus?
10 Où le taxi attend-il?
11 Que peut-on acheter à la librairie?
12 Est-ce qu'il y a des clients au restaurant?

(WMEB)

Describing pictures

Below are six unconnected pictures. They do not make up a continuous story. Treat each one as a separate scene, and describe each of them in ten sentences. Some ideas are suggested for the first two. Here are some phrases which will probably be useful for any pictures in this sort of exercise:

La scène se passe . . . (où?)

Au premier plan	il y a	. . . . . . (qui?)/(quoi?)
Au milieu de l'image	se trouve(nt)	
Au fond de l'image		
A l'arrière plan		
A gauche/A droite		

Derrière	lui/elle/eux/elles	il y a	. . . . . . (qui?)/(quoi?)
Devant		se trouve(nt)	
A côté de/d'			

74

(Là-)dessus	il y a	...... (qui?)/(quoi?)
(Là-)dessous	se trouve(nt)	
(Là-)dedans		

Il y a	un homme/un garçon	qui ...... + *verb*
	une femme/une jeune fille	
	des jeunes gens/des étudiants, etc.	

| Il/Elle a | l'air + *adjective* |
| Ils/Elles ont | |

Among other things you could say:

1

How many people there are (i.e. how many men/women/children).
Where the scene is taking place (i.e. in France/in front of house).
Where each of the people is.
Who the people are (i.e. French family/English friends?).

Where the visitors have come from.
Why they have come (i.e. holiday?).
What each of the people is doing.
How they all look.
What the grown-ups/children are going to do next (i.e. go into house/have cup of coffee/chat/play).

2

Where the scene is taking place.
What has happened.
Who/What has/have arrived and who probably phoned for them.
What state the boy/bike/car are in.
What the ambulance men have (just) done with the boy.

What they are going to do with him next and where they are going to take him.
What the policeman is doing and what the driver is giving him.
How the driver looks.

3

4

5

(EAEB)

6

BOUCHERIE

(EAEB)

Writing compositions

Points to remember

1 Remember that you must stick to the outline or theme given. You will get no credit for including clever, pre-learnt phrases which are irrelevant!

2 In both picture compositions and free compositions, you can, however, express the ideas in any way you want to. Of course, particular themes imply that you must know certain items of vocabulary (e.g. birthdays – **une carte, un cadeau, un paquet, donner, recevoir, ouvrir, remercier**) – but you choose how to construct your sentences.

3 Remember to keep your sentences *simple*. It's better to write two or three short sentences and get them right than to attempt one complicated one and make a mess of it! Use what you know and avoid what you're not sure of.

4 Don't work out sentences in English first and then try to translate them. That way you will just create problems for yourself and probably write gibberish. A better method is to jot down in rough any French words and phrases you know which fit the story and then put them into sentences.

5 If you do have an idea in English which you want to put into French, always try to think of the simplest way of expressing it, and use verbs you are sure of. For example, 'they came across/discovered' = 'they found'; 'he tripped over' = 'he fell'; 'he received multiple injuries' = 'he was hurt/injured (badly)'; 'he rushed' = 'he ran'; 'the cars crashed into one another' = 'there was a collision'.

6 Of course you should be aiming to get each sentence completely correct, but you should concentrate on getting the verb right (in person and tense). The rest of the sentence will hang on this.

7 Try to write equal amounts for each picture or section of the story. Don't, for example, take up three-quarters of the composition in writing about the first and last picture or section. Remember, too, that you will get no credit for writing more than you are asked to do.

8 You can prepare in advance for the beginning and end of your compositions by getting together a list of phrases such as:

    a   hier après-midi/avant-hier soir/la semaine dernière/l'année dernière/ pendant les grandes vacances/l'an dernier à Noël/par un jour d'été/par un jour de pluie, *etc.*

    b   Quelle surprise!/Quel soulagement!/Quel désastre!/Il l'avait bien mérité, n'est-ce pas?/Il a eu de la chance, n'est-ce pas?, *etc.*

Preliminary exercises

1 **a** Give names to the characters in these pictures and say what they were doing when a particular incident took place, by using the *imperfect* tense:

e.g.

Jacques attendait l'autobus quand . . .
Pendant que Jacques attendait l'autobus . . .
Jacques et Sylvie attendaient l'autobus quand . . .
Pendant que Jacques et Sylvie attendaient l'autobus . . .

1 lire le journal
2 écrire une lettre
3 être assis(e) au salon
4 prendre un café
5 faire une promenade
6 bavarder avec son voisin

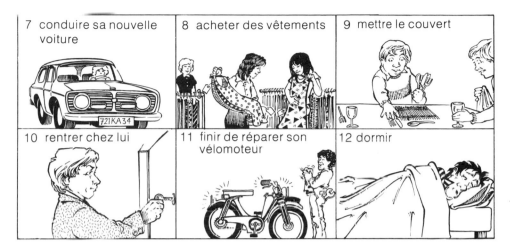

| 7 conduire sa nouvelle voiture | 8 acheter des vêtements | 9 mettre le couvert |
| 10 rentrer chez lui | 11 finir de réparer son vélomoteur | 12 dormir |

b Now put yourself in the position of the person, or one of the two people, in each of the pictures and say what *you* were doing when a particular incident took place, using the *imperfect* tense:

e.g. J'attendais l'autobus quand . . .
Pendant que j'attendais l'autobus . . .

Sylvie et moi ∣ attendions l'autobus quand . . .
Nous

Pendant que ∣ Sylvie et moi ∣ attendions l'autobus . . .
∣ nous

2 Practise saying what the weather was like on a certain day by using the *imperfect* tense:
e.g. Ce jour-là il . . . -ait (. . .)

| 1 pleuvoir | 2 neiger | 3 y avoir du vent |
| 4 (le soleil) briller | 5 faire chaud | 6 y avoir du brouillard |

3 Verbs with *avoir*

a Give names to the characters in these pictures and practise saying what incidents took place by using the *perfect* tense:

e.g.

manger

Jacques a mangé.
Jacques et Sylvie ont mangé.

1 trouver un portefeuille

2 voir un ami

3 entendre un cri

A l'aide!

4 avoir un accident

5 saisir le sac

6 prendre le bus

7 glisser

8 choisir des cartes postales

9 écrire des cartes

10 courir au téléphone

11 mettre des lettres à la poste

POSTES

12 vendre son vélomoteur

b Now put yourself in the position of the person, or one of the two people, in each of the pictures and say what *you* did, using the *perfect* tense:

e.g. J'ai mangé.

Sylvie et moi | avons mangé.
Nous

80

4 Verbs with *être*

a Give names to the characters in the pictures and say what incidents took place, using the *perfect* tense:
c.g.

entrer dans le bureau

Jacques est entré dans le bureau.
Jacques et Sylvie sont entrés dans le bureau.

1 partir en vacances
2 sortir du bureau
3 arriver en retard
4 descendre à la cave
5 monter dans sa chambre
6 rentrer tard

b Now put yourself in the position of the person, or one of the two people, in the pictures and say what *you* did, using the *perfect* tense:
e.g. Je suis entré(e) dans le bureau.
Sylvie et moi | sommes entré(e)s dans le bureau.
Nous

5 Reflexive verbs with *être*

a Give names to the characters in the pictures and say what incidents took place, using the *perfect* tense:
e.g.

s'asseoir

Jacques s'est assis.
Jacques et Sylvie se sont assis.

1 se lever

2 se couper

3 se changer

4 s'arrêter

5 s'installer

6 se mettre en route

7 s'endormir

8 se blesser

9 s'enfuir

b Now put yourself in the position of the person, or one of the two people, in the pictures and say what *you* did, using the *perfect* tense:

e.g. Je me suis assis(e).

Sylvie et moi | nous sommes assis(es).
Nous

Picture compositions

Write in French the stories illustrated below. Your stories should be between 120 and 150 words long, and should be written in the past tense. For the first five, help is given in the form of questions and/or suggested phrases and vocabulary. The following expressions will help give your stories a feeling of continuity by linking the various actions:

Tout d'abord | ......, puis ......, ensuite ......, après | cela | ......,
D'abord | | ça |
ayant fait | cela | ......, après avoir fait | cela | ......,
           | ça | | ça |
finalement ......

82

1 La rentrée

1 Qui est parti en vacances?
   Où allaient-ils Combien de temps
   allaient-ils rester là-bas?

   monter dans la voiture
   se mettre en route pour . . .

2 Qui est arrivé le lendemain?
   Combien des hommes sont descendus
   du camion? Et l'autre homme?

   le cambrioleur
   s'approcher de . . .
   rester

3 Par où sont-ils entrés?
   Comment y sont-ils entrés?

   entrer dans . . .
   briser un carreau

4 Dans quelles pièces sont-ils allés?
   Qu'est-ce qu'ils ont pris/volé?
   Qu'est-ce qu'ils ont fait avec
   les objets volés?

   chercher/choisir
   emporter les objets de valeur
   installer/mettre

5 Après avoir installé les objets dans
   le camion, qu'est-ce qu'ils ont fait?

   se remettre en route/
   repartir à toute vitesse

6 Quand est-ce que la famille est
   rentrée? Comment est-ce que les
   membres de la famille ont réagi?

   furieux
   téléphoner à . . .
   pleurer, consoler

2 La traversée

1 Combien d'élèves y avait-il?
Qu'est-ce que leur prof a fait avant
d'embarquer?

    arriver au port
    un groupe de . . .
    montrer les billets à . . .

2 Que faisait le prof pendant que ses
élèves exploraient le bateau?
Qu'est-ce que les élèves ont regardé?

    le pont
    se promener
    fumer (tranquillement)

3 Pourquoi les élèves sont-ils
descendus au salon? Qu'est-ce
qu'ils avaient apporté avec eux?

    commencer à avoir faim
    sortir* leurs sandwichs, etc.
    manger/boire

4 Où sont-ils allés ensuite et pour
quoi faire? Combien de friandises,
etc., ont-ils mangé?

    aller au bar
    acheter du chocolat, etc.
    manger/boire énormément de . . .

5 Après avoir fini de manger et de
boire, où sont-ils allés?
Comment ont-ils dansé?

    aller à la disco
    faire très chaud
    danser (comme des fous)

6 Pourquoi les élèves sont-ils
remontés sur le pont?

    avoir le mal de mer/mal au ventre
    prendre l'air
    vomir/être très malade

     * **sortir** meaning 'to take out' takes **avoir** in the perfect tense.

3 La vedette du match

1 Comment les membres de l'équipe
sont ils arrivés?
Contre qui l'équipe allait-elle jouer?

à vélo/(emmener) en voiture
être déjà là/attendre

2 Combien de joueurs est-ce qu'il
manquait?

regarder sa liste
l'heure du match/s'approcher

3 Qu'est-ce qu'un des garçons a
proposé à son prof?

dire à son prof que...
savoir bien jouer
(devoir) accepter

4 Comment la fille avait-elle l'air, une
fois changée?

avoir l'air un peu ridicule/bizarre
le short/le maillot trop large
rire/se moquer de
trouver l'idée bizarre

5 Comment est-ce que la fille a joué?

bien jouer
marquer un but (de la tête)
s'étonner/être surpris/être étonné

6 Comment est-ce les garçons ont
réagi à la fin du match?

gagner le match/la coupe
trois (buts) à zéro
être fier de/féliciter

1 frapper/sonner à la porte
  dire bonjour à . . .
  demander si . . .
  offrir de + *inf.*
  accepter (leur) offre
  promener le bébé
  la voiture d'enfant
  remercier

2 le jardin public
  aller à . . ./se diriger vers . . .
  entrer dans . . .
  remarquer/voir
  un kiosque à glaces
  (s')acheter des glaces

3 s'asseoir sur le banc
  bavarder/causer avec . . .
  remarquer
  décider de + *inf.*
  faire la connaissance de . . .
  s'approcher de . . .

4 parler à . . .
  se présenter à . . .
  flirter avec . . .
  ne pas s'occuper de . . .
  ne pas faire attention
  commencer à + *inf.*
  rouler

5 rouler vers . . .
  le lac
  courir après . . .
  emmener (son) chien en
    promenade
  lâcher la laisse
  se précipiter vers . . .

6 arrêter/saisir
  sauver le bébé
  être soulagé
  remercier
  avoir de la chance

5 Au camping

1 arriver au camping
　descendre de la voiture
　stationner
　trouver l'emplacement
　sortir l'équipement, etc.
　dresser la tente

2 faire chaud
　ôter (son) pullover
　décider de + *inf.*
　jouer au volant
　aller chercher le volant/les
　　raquettes
　le filet
　attacher à . . .
　commencer à + *inf.*
　porter des baskets
　jouer pieds nus

3 marcher sur . . .
　une boîte à conserve
　se couper le pied
　pousser un cri (de douleur)
　saigner (abondamment)

4 courir
　aller chercher/appeler/faire venir
　les parents
　accourir

5 bander/soigner la blessure
　faire mal
　ne pas pleurer

6 devoir rester assis/allongé
　ne pas pouvoir jouer
　s'ennuyer

6 Une bonne note

7 Une mauvaise habitude

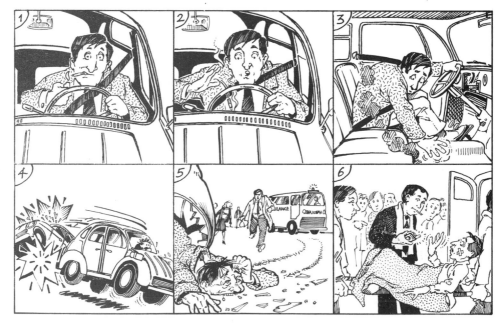

9 (WYLREB)

Free and guided composition

Constructing a story

Some types of composition question give quite a substantial framework or 'skeleton' for your composition, and set out the general lines of the story for you. These require little imagination. But some instructions are very short and vague and leave the development of the story very much up to you. This gives you plenty of scope to use what you know (and, more importantly, to avoid what you don't know!) The two examples below show how two such stories might be developed, using only simple vocabulary:

a 'Mon Dieu, qu'il faisait chaud ce jour-là!' Write about what you did on a very hot day. Describe the weather and how the heat affected you.

(MREB)

Where did you go? (à la plage/à la piscine)
With whom? (un/des copain(s)/mon frère/ma sœur)
Or were you already there? (être en vacances au bord de la mer/faire du camping à la campagne)
Or did you simply go for a walk? (se promener/faire une promenade)
Or was it in term time? (devoir aller à l'école/passer la journée dans des salles de classe)
What were you wearing? (un short/un T-shirt/des sandales)
What did you do? (faire un pique-nique/nager/se baigner/se bronzer/prendre un bain de soleil)
Did you buy refreshments? (s'acheter une glace/un pepsi, etc.)
Where? (au kiosque/dans un magasin/au café)
How did the heat affect you? (tomber malade/se sentir malade/attraper un coup de soleil)
What action was taken? (aller dans une pharmacie/rentrer à la maison/aller au poste de secours/appeler un médecin)

b Without copying out the given French sentences, continue and develop, in French, the episode below:
'François fait des courses pour sa mère. En sortant de la boulangerie il s'aperçoit que sa bicyclette n'est plus contre la vitrine ......'

(NWREB)

What did he do with the groceries? (mettre ... par terre/laisser ... sur le trottoir/rentrer dans la boulangerie)
Where did he go and look? (chercher devant tous les magasins/dans les rues voisines/partout)
Who helped him? (aider à chercher/son copain/ses copains/ses voisins/ses parents)

91

How did he get home? (rentrer à pied/aller dans une cabine téléphonique/
téléphoner à ses parents/emmener en voiture)
Had a friend/brother/sister seen/recognized/borrowed the bike? (voir/
remarquer/reconnaître/emprunter)
If so, when did he get it back? (rendre la bicyclette plus tard dans la
matinée/l'après-midi/la journée)
Why had he/she taken it? (être en retard pour son travail/un match de
football, etc.)
When he got home, perhaps he found the bike was there – perhaps he'd
gone on foot! (ne pas aller en vélo/aller à pied/oublier/trouver sa bicyclette
dans la remise)
His relief (éclater de rire/être soulagé)
How did his family react? (taquiner/se moquer de lui/rire de lui)
Did he perhaps never get it back? (ne jamais retrouver la bicyclette/le vélo)
Did he report the loss/theft? (aller au commissariat/téléphoner à la police)
How did his parents react? (être furieux/lui acheter un vélo neuf/une
bicyclette neuve)

Guided compositions

a 1 Votre correspondant(e) vous a emmené(e) voir ses grands-parents –
Comment était la ferme où ils habitaient? – Ce que vous avez vu/fait à la
ferme – Ce qu'on vous a offert à manger/à boire – Comment vous
avez aidé le grand-père/la grand-mère.

2 Vous êtes allé(e) au cirque – Où? – Avec qui? – faire la queue –
obtenir/payer les billets/un programme – prendre place – Où? –
les numéros, les animaux, le spectacle – Ce que vous avez fait pendant
l'entracte – Vous êtes-vous amusé(e) ou avez-vous été déçu(e)?

3 Votre copain/copine était à l'hôpital – Pourquoi? – Vous avez décidé
de lui rendre visite – Comment vous y êtes allé(e) – Ce que vous avez
acheté pour lui apporter – Comment vous avez trouvé la salle/son lit –
Comment allait-il? – Comment a-t-il réagi en vous voyant? – De quoi
lui avez-vous parlé? – Combien de temps y êtes-vous resté(e)? – Qui
est venu aussi le voir?

4 Vous êtes allé(e) chercher des champignons – Quel jour? – A quelle
heure de la journée? – Avec qui? – Où? – Combien en avez-vous
trouvé? – Dans quoi les avez-vous cueillis? – Avec quoi les avez-vous
mangés? – Quand? – Comment étaient-ils? – Vous êtes tombé(e)
malade – Conclusion.

5 C'était Noël – Quels préparatifs av(i)ez-vous faits? – Qu'est-ce que vous av(i)ez acheté? – Quels cadeaux avez-vous donnés/reçus? – A/De qui? – Comment avez-vous passé la matinée/l'après-midi/la soirée? – Qu'avez-vous mangé? – Êtes-vous sorti(e)? – Où? – Qu'avez-vous vu à la télé? – A quelle heure vous êtes-vous couché(e)?

6 Write a story based on the following outline:
Famille – promenade en voiture – panne d'essence en pleine campagne – maman furieuse – cinq kilomètres du garage – retour de papa avec de l'essence pour trouver un gendarme mais pas de voiture – conclusion.

(SWEB)

7 Write a story based on the following outline:
Groupe scolaire – weekend en France – arrivée au port le matin – petit déjeuner dans un collège français – visite en ville – déjeuner en plein air – excursion l'après-midi – retour pour passer la nuit au collège.

(SWEB)

8 *Au bord de la mer*
L'arrivée sur la plage – beaucoup de monde – vous et votre ami(e), vous vous êtes baigné(e)s – impossible de retrouver vos vêtements parmi tous les touristes – vous avez cherché longtemps – vous les avez finalement retrouvés.

(EAEB)

b 1 You were helping an elderly neighbour as he/she was ill or had had an accident. While working you broke/damaged something of his/hers. What was his/her reaction? How did you make good the damage/replace the article?

2 You were on a train with your friend(s). You found something valuable. You took it to lost property. The person happened to be there enquiring about it. His/Her reaction. How he/she rewarded you.

3 A trip into town to buy something. Who went with you? How did you get into town? How easily did you find what you wanted? How much did it cost? What did you think of the price? Was that all you bought? How long did you stay in town? Conclusion.

4 You organized a party. Whom did you invite? Where was the party held? What did you do in preparation? What happened at the party? Were there any incidents? What clearing up needed to be done? Was it a success?

93

5 You were in Paris with your teacher and a school group. You went into a shop to buy something. When you came out the group had gone. What did you do? Did anyone come looking for you? When/Where/How did you find them all again? What was your teacher's reaction?

6 Tell of a day you spent on holiday. Where were you staying? Who was with you? Where did you go? What did you do? Did you buy any souvenirs? Did you meet anyone?

7 Tell the story of how you spent a very enjoyable day. Talk about such things as when it was, the weather, your companions, what you did and where you went, meals and so on.

(MREB)

8 *Un pique-nique*
Tell the story of how you went with your family or with friends on a picnic – your journey, the weather, the place, what happened and so on.

(MREB)

9 Cold winter's day – digging in garden – find treasure – excitement – become very rich – afford a big treat.

(WYLEB)

Free compositions

a 1 Imagine that you have witnessed a robbery. Write a conversation between you and a policeman about what you saw.

2 Imagine that you were walking down the street when you saw smoke coming from the upstairs window of a house and heard children shouting. Describe what happened.

3 Imagine that you have witnessed an accident (traffic? domestic? at work?). Describe to someone what happened and what steps you, or others, took to help.

4 Tell someone about a dream you had (**un rêve**; **rêver**) making it as strange as you wish.

5 You have gone to spend a fortnight at your friend's house in France. Write a composition saying what happened during your stay.

(ALSEB)

6 Whilst walking in the street you find a bag on the pavement. Say what you do to try to find out to whom the bag belongs.

(ALSEB)

94

7 *La neige*
Suppose that there was heavy snow during the Christmas holidays; tell the story of how you spent one day.

(MREB)

8 *Le camping*
Write about a holiday you spent either in a tent or a caravan.

(MREB)

b Continue a story which begins with the words:

1 Quand Monsieur Mercier est sorti du magasin, sa voiture avait disparu . . .

2 Ils ont défait leurs valises, puis ils sont sortis faire un petit tour en ville . . .

3 Quand je suis arrivé(e) à la petite gare d'Argeauville, personne ne m'attendait sur le quai . . .

4 Elle a ouvert la porte et a poussé un cri de surprise et de joie . , ,

5 Samedi soir, nous sommes allés chez Julie. Elle nous avait invités à une boum. Mais quand nous sommes arrivés, la maison était vide . . .

6 *La valise dans le bus*
Le vieux Luc prenait toujours le bus qui arrivait à la Gare d'Austerlitz vers neuf heures. Un jour il a découvert une valise sous son siège.

(EAEB)

7 Quand nous sommes arrivés au terrain de camping, deux agents de police nous attendaient . . .

(WMEB)

8 Continue the following conversation:
   Marie: Tu as passé une bonne journée?
   Paul: Ah non, c'était terrible.

(ALSEB)

9 Continue the following conversation:
   Jacques: Vous êtes-vous bien amusé?
   Charles: Ah, oui, c'était formidable.

(ALSEB)

Writing letters

Points to remember

1 Remember that this exercise is purely fictional and need not reflect in any way your actual family situation. You are quite at liberty to invent pets, brothers, sisters, their occupations, friends, holidays which you have spent or intend spending, interests, etc. The object of the exercise is to write an interesting letter in good French. It will not be marked for authenticity!

2 Decide before you write the letter whether you should be writing in the 'tu' or 'vous' form of the verb, and then use it consistently (tu/te/ton/ta/tes; vous/votre/vos).
'Tu' will be used when writing to:
   – a correspondent
   – a fictitious French brother/sister/parent/uncle/classmate, etc.
'Vous' will be used for writing to:
   – a stranger (hotel owner/camp site owner/syndicat d'initiative/prospective employer, etc.)
   – a fictitious French family/parents/aunt and uncle/classmates, etc.
The only time you can mix them is when some of your sentences are addressed to an individual and others to more than one person:
e.g. '. . . Comment **vas-tu**? . . .' (enquiring about your correspondent's health) . . . 'Quand **allez-vous** partir en vacances? . . .' (when is the whole family going away?)

3 Apart from answering direct questions in the lead letter, you should also take every opportunity to comment on statements made by the writer, and to ask further questions yourself. Two ways of referring to a statement in the original letter are:

a Repeating the sentence with a change of the person of the verb.
   e.g. *Lead letter:* 'J'ai raté mon examen . . .'
   Answer: 'Tu as raté ton examen(?)(!) C'est bien dommage, ça! Est-ce que tu dois redoubler? . . .', etc.

b Using 'You say/write that . . .'
   e.g. *Answer:* '. . . Tu me dis/m'écris (dans ta lettre) que tu as raté ton examen. C'est bien dommage . . .', etc.

Two phrases are useful for referring to a noun mentioned in the lead letter: 'en ce qui concerne . . .' and 'quant à . . .'.
   e.g. *Lead letter:* 'Je présume que tu fais des progrès à l'école . . .'.
   Answer: 'En ce qui concerne mes progrès à l'école, mes parents sont très déçus!'/Quant à l'école j'en ai vraiment marre!'
The use of phrases such as 'I'm sorry (to hear) that . . ,' 'I'm pleased that . . .', 'It's a shame that . . .', is rather complicated in French and should be avoided. This can be done by using two shorter sentences. The following examples in English will illustrate this:

a *Avoid:* I'm sorry to hear that your father has had an accident.
   Use: You say your father has had an accident. How dreadful!/I'm sorry about that/What bad luck! etc.

b *Avoid:* I'm pleased (to hear) that you passed your exams.
   Use: You passed your exams then. Well done!/Congratulations!/Your parents must be proud of you, etc.

A further question could also be added, for example:

a Was he badly hurt? Was it a car accident? Were you with him? When did this happen?

b Were they difficult? Did you do a lot of revision? Did your friends all pass too? Have you any more to do?

4 Here is a list of phrases which will be useful when you need to comment on news received in a letter from a French person, real or imaginary:

> Quelle bonne nouvelle! Quelle surprise!
> Quelle chance!/Tu as de la chance/Tu as eu de la chance/Veinard(e)!/
> Je t'envie!
> Tu dois en être fier (fière)/ravi(e)/déçu(e).

Quel dommage!/Quelle malchance!/Quelle déception!/Je ne t'envie pas!/
Je te plains!
Quel soulagement!
Je suis navré(e)/désolé(e)/content(e)/heureux (heureuse) de | l'apprendre | .
                                                    | le savoir |
Cette nouvelle m'a vraiment choqué(e)/frappé(e)/bouleversé(e).
Je suis très content(e) pour toi.
Je peux à peine le croire.
C'est grave, ça!
C'est affreux, ça!
C'est chouette/sensationnel/formidable, ça!
Peux-tu le/la complimenter/féliciter de ma part?
Je te souhaite beaucoup de chance.
C'est bien fait pour lui/elle!
Il/Elle l'avait bien mérité/C'était bien mérité!
Tes parents doivent être fiers de toi/de lui/d'elle, etc.

Preliminary exercises

a React appropriately to the following letter extracts using phrases from the
  above list.
  e.g. 'Mon père a eu un accident dans sa voiture hier.'
      Tu me dis que ton père a eu un accident ... Quelle malchance!

b Add any suitable questions or comments (some suggestions are given in
  each case).

1 'Nous venons vous voir cet été.'
  (When?/How many are coming?/For how long?/By car?/By plane?/By boat
  and train?/Can you meet them?)

2 'J'ai eu la grippe, mais maintenant ça va mieux.'
  (How many days was he/she ill?/When did he/she return to school?/Were
  his/her parents, brother, sister also ill?/Did he/she miss his/her exams?)

3 'Il a fait très mauvais pendant que nous étions en Espagne.'
  (Did it completely spoil their holiday?/Were they able to go swimming?/What
  did they do when the weather was bad?/How many days were fine?)

4 'On va passer un mois en Grèce cette année.'
  (Where in Greece?/You have never been to Greece/Will he/she send you a
  card?/When are they going?/How are they travelling there?/Camping?/
  Staying in hotel?/Is whole family going?)

5 'L'opération de ma mère a réussi.'
(You didn't know she was ill/What was wrong?/In which hospital?/Please send address as you want to send card/How long will she be in hospital?)

6 'Tu te souviens de Gilles, le type qui conduisait toujours sa moto comme un fou? Il vient d'avoir un accident.'
(Where?/What happened?/Was he seriously injured?/Is he in hospital?/Was the bike damaged?)

7 'Mon frère a réussi son permis de conduire.'
(How long had he been learning?/Has he already bought a car?/Does he intend to buy one?/What make of car would he like?/Does he borrow father's car?)

8 'Ma sœur aînée a gagné une énorme somme d'argent à la loterie nationale.'
(How much?/Has she spent any yet?/What has she bought?/What does she intend to buy?/Does she intend to go on holiday?/Where?/What has she bought for him/her?)

9 'Ma grand-mère est morte avant-hier.'
(How old was she?/Was she ill?/How long had she been ill?/Will his/her grandad move now?/Will he live with them?/You will write the grandfather a letter soon.)

10 'Ma sœur se marie le mois prochain.'
(You didn't know she was engaged/Who is her future husband?/Did you meet him when you were in France last year?/What present would she like?/Where will she be living?)

11 'On va déménager bientôt.'
(Why?/Has father changed job?/Where will they be living?/When will move take place?/Bigger house?/In country?/In another town?/Abroad?)

12 'On part en vacances dans dix jours.'
(Where are they going?/To Spain like last year?/How long are they staying?/Are they going by car?/Has it been mended since the accident?)

13 'Mon père a trouvé un nouvel emploi.'
(Why did he change?/Where will he be working now?/For which company?/Will he be earning more money?/Will they have to move?/Will he/she have to change schools?)

14 'Je joue pour la finale de la coupe.'
(Which cup?/Didn't know he/she was in competition/Table tennis?/You know he/she plays well/When?/Where?/At school?/At youth club?)

15 'On a volé la voiture de mon père.'
(Where had he parked it?/What time of day?/Was he at work?/When did it happen?/At the week-end?/In the week?/Has it been found?/If so, was it damaged?/Where was it found?/Anything stolen?/Did he have to hire one?)

16 'J'aime beaucoup la musique pop.'
(So do you!/What are his/her favourite groups, singers, etc?/How many
records or tapes has he/she got?/How much do records cost in France?/
Does he/she go to pop concerts?/Who has he/she seen?/Does he/she like
classical music too?)

17 'Quand je serai chez vous, j'aimerais pouvoir aller à Londres.'
(You will organize a day or two in London/Your father will be on holiday so
your parents will be able to go with you/What would he/she particularly
like to see?/Apart from London where would he/she like to go?/To a safari
park, perhaps?/Is he/she interested in museums?)

Beginning and ending letters

The following letter openings should be learnt:

Informal
(Mon) Cher Michel,/(Ma) Chère Michelle,
(Mon) Cher ami,/(Ma) Chère amie, Chers amis,
Cher Papa,/Chère Maman,/Chers Parents,

Formal
Cher Monsieur Dupont,/Chère Madame Dupont,/
Chère Mademoiselle Dupont,/Chers Monsieur et Madame Dupont,
Monsieur,/Madame,/Messieurs,

The following letter endings will be useful:

Informal
Je t'embrasse/Bons baisers
(Bien) Amicalement

Ton	ami(e)		anglais(e),
Ta	correspondant(e)		écossais(e), *etc.*

En espérant	te	voir	bientôt,
J'espère		revoir	
		lire	

Ecris-moi/Réponds-moi bientôt,

En attendant	(avec impatience)	ta prochaine lettre.
J'attends		tes nouvelles.

Formal
Sincèrement,

Veuillez agréer,	monsieur,	l'expression	salutations distinguées.
	madame,	de mes	sincères remerciements.
	mademoiselle,		sentiments les meilleurs.

100

Section A

Answer in French the following letters from correspondents and various other French people. For the first four letters some hints are given about what you could say apart from answering the direct questions asked in the letters.

1

Marseille,
le 2 octobre

Cher/Chère ......,

Mon prof d'anglais vient de me donner ton nom et ton adresse. Ça fait longtemps que je cherche un(e) nouveau/nouvelle correspondant(e) anglais(e). J'apprends l'anglais depuis longtemps; je suis très faible en cette langue, comme tu verras! J'apprends aussi l'espagnol. Je le parle assez bien.

Voici quelques détails sur moi et ma famille. Comme tu vois sur l'enveloppe, je m'appelle François Duharnais. J'habite avec ma mère et mes deux frères dans un appartement dans la banlieue de Marseille. J'ai quinze ans. J'ai les cheveux noirs coupés très courts. J'ai les yeux bleus et je suis assez petit; je mesure 1m 40. Je porte des lunettes. Je vais au C.E.S. Lagrange à Marseille. J'y vais en car. C'est une école de 1 100 élèves.

Je m'intéresse à la lecture. Je ne suis pas du tout sportif. Veux-tu m'écrire en français? La prochaine fois j'essaierai de l'écrire en anglais. Moi, je corrigerai tes erreurs; toi, tu corrigeras les miennes. Qu'est-ce que tu penses de cette idée?

Amitiés,
François

- Thank him for his letter. Say when you received it.
- Say you have been looking for a correspondent for 6 months. Say he is your first French correspondent. Say whether you have others in other countries. Ask who his other correspondent was and where he/she lives.
- Say how long you have been learning French/any other languages.
- Say how good you are at French and whether you like it.
- Give details of your family. Ask about François's brothers: older? younger? Do they go to same school? Are they at work?
- Ask what their flat is like. Say where you live; give details of house/flat.
- Give a brief physical description of yourself.
- Give details about your school: type, number of pupils, how you get there.
- Ask what he thinks of his school.
- Ask what he likes reading. Say you'll send some English newspapers, magazines, or a book, if he likes.
- Say what you're interested in.
- Say whether you like watching/doing sport.
- Ask what sports they do at his school.
- Say you hope he will write again soon.

2

Paris,
le 29 juin

Cher/Chère ......,

   Ça fait au moins un mois que tu ne m'as pas écrit. J'espère que tout va bien chez toi. Je commence à me demander si tu as bien reçu le paquet que je t'ai envoyé avec le livre et les photos. Le livre était un cadeau d'anniversaire; tu m'avais dit, je crois, que ton anniversaire est au mois de mai.

  Nous devrions bientôt organiser ton séjour chez nous. Je présume que tu voyageras en avion; on habite près de l'aéroport d'Orly et ce serait très pratique. Tu viens en août si je me rappelle bien. Mon père voudrait savoir la date et l'heure de ton arrivée en France. Mes parents aimeraient organiser des sorties mais on ne sait pas ce qui t'intéresse. Mes parents disent que ta sœur pourrait t'accompagner, si elle veut, car la chambre de ma sœur est grande et il y a deux lits. Je ne sais pas si tes parents seraient d'accord.

  Tu sais que j'aime les groupes anglais; tu pourrais peut-être m'apporter des disques ou des cassettes quand tu viendras; je te rembourserai, ou si tu préfères, je t'enverrai l'argent tout de suite. Ma mère aimerait du vrai thé anglais et elle voudrait aussi savoir comment on le prépare en Angleterre.

Récris-moi bientôt,
Jeanne

— Explain why you haven't written (lazy? busy? illness? exams?) Any family problems? (illness? accident?)
— Did you receive the parcel? If not, ask when it was posted and say you will contact the Post Office/If so, thank her. Comment on the book (Have you read it yet?/Was it (too) difficult?/Was it interesting?) Comment on the photos (Which ones do you think are best? Were any of them amusing?)
— Is she right about your birthday? What is the exact date?
— Will you be travelling by plane? If so, do you know details of the flight time and number? If not, how are you travelling? Can they still pick you up? Are you in fact going in August? Exactly when will you be arriving?
— Where would you like to go during your stay? What would you like to do and see? Is there anything particular which you'd like to buy?
— Does your sister want to go with you? Have you asked your parents yet? What do they think about the idea? What do you think about the idea? Would you prefer to go without her?
— Ask which groups she likes in particular. Has she any particular tapes/albums in mind? How many does she want? Would you like the money in advance or can she pay later? Or will you take them as a present?
— Say you'll bring some tea with you. Say you'll explain to her mother how we make tea (or that your mother will send instructions).

3
Dijon,
le 2 septembre

Cher/Chère . . . . . . ,

 Merci pour ta carte. Je n'ai jamais été dans le Devon; selon la carte c'est une très belle région. J'espère que vous avez tous passé un agréable séjour là-bas. Qu'est-ce que vous avez fait d'amusant ou d'intéressant? Quel temps a-t-il fait? En ce moment il fait très mauvais chez nous; il y a un vent froid et il pleut souvent. Et chez vous?

 Quand est-ce que vous devez rentrer à l'école en Angleterre? Tu attends la rentrée avec impatience sans doute! Moi, je dois changer d'école au milieu de l'année scolaire car nous allons déménager au mois de février. J'irai alors dans une école privée et je porterai un uniforme comme vous les Anglais! Comment est votre uniforme?

 Nous allons habiter dans le sud de la France, près de Cannes. Tu pourras peut-être venir passer un peu de temps chez nous l'année prochaine – avec tes parents bien entendu. Que penses-tu de cette idée?
Ton ami
Martin

Say he's right; Devon is beautiful; mention some of its features (sandy beaches, hills, etc.).
— Was it a pleasant holiday? (Perhaps something happened to spoil it? accident? illness? loss? theft? poor accommodation?)
Make a comment about how much holiday time you have left and about going back to school (Are you happy, sad? Are you leaving school, changing schools?)
— Make a comment about your correspondent's moving (Do you think he is lucky? Are you envious?) and about his having to change schools (Do you think it will be interesting, annoying, difficult for him?)
— What do you think about going to Cannes next year? Will you accept the invitation? When will you discuss details? Will you invite him to come to you? If so, when? If not, what difficulties prevent it?

4
Le Havre,
le 20 juillet

Cher/Chère . . . . . . ,

 Nous venons de rentrer de notre séjour en Bretagne. J'espère que tu as reçu ma carte de Morlaix. Nous avons passé une quinzaine de jours là-bas en faisant du camping. Mon père aime ce genre de vacances – ma mère et moi détestons ça! Nous avons beaucoup d'équipement mais la tente est vieille et trop petite pour nous trois. Avez-vous déjà fait du camping en famille? Qu'en penses-tu? Ma mère et moi aimons trop notre confort; nous préférons descendre dans des hôtels ou des pensions, mais mon père dit que ça coûte trop cher. Malheureusement il a fait très mauvais presque tout le temps. Mon frère aîné, Philippe, ne part plus en vacances avec nous. Il a maintenant dix-sept ans et il part avec des copains. J'aimerais mieux faire comme lui mais je n'ai que quatorze ans et mes parents disent que je suis encore trop jeune!

Est-ce que vous êtes déjà partis en vacances? Sinon, que comptez-vous faire cette année? Où est-ce que tu irais, si tu avais le choix?

Mon père dit que nous allons camper encore une fois l'année prochaine, mais pas en France. Il pense partir en Angleterre, mais il dit qu'il ne connaît pas du tout le pays et ne sait pas dans quelle région on devrait aller. On pourra peut-être venir vous voir!

Amitiés,
Denis

— Say whether you have ever been to Brittany. Say what you thought of it. If not, ask whether it's an attractive region. Ask what they did/saw there.
— Thank him for the card. Make a comment about the picture on it. Or say you haven't received it yet.
— Say what you and your family think about camping. How often and where do you go camping? What camping equipment/tent have you got, if any? Is it old/modern? Or do you hire/borrow equipment? From whom?
— Do you stay in hotels while on holiday? Is it expensive in England? What about bed and breakfast?
— What has the weather been like lately?
— Do you go away on holiday on your own or do you always go with your parents? Do you think that Philippe is lucky? Do you think the parents are right/wrong not to let the fourteen-year-old go on holiday on his own?
— Suggest some parts of England they might go to. Say what they could expect to do/see/visit there.
— Ask when they will be in England. When is your family likely to be away? Could they stay with you for a while?

5   Châtillon-sur-Indre,
                                                le 2 décembre

Cher/Chère . . . . . . ,

Est-ce que je t'ai déjà parlé de mon frère, Lucien? Eh bien, il vient d'acheter un vélomoteur. J'espère pouvoir en acheter un aussi. J'économise mon argent de poche, et j'ai déjà 400F. Les vélomoteurs coûtent cher ici. Combien est-ce qu'on paie un vélomoteur neuf chez vous? Et d'occasion? Est-ce que tes parents te donnent beaucoup d'argent de poche? Comment est-ce que tu le dépenses?

C'est l'anniversaire de ma mère la semaine prochaine et je vais devoir lui acheter un cadeau. Puis il y a les cadeaux de Noël – je vais devoir en acheter une dizaine à peu près. Est-ce que tu y as déjà pensé? Sais-tu déjà ce que tu vas faire à Noël?

En ce moment je cherche un emploi pour les week-ends et les vacances pour gagner de l'argent en plus. Malheureusement il n'y a pas beaucoup de possibilités à Châtillon-sur-Indre. Quelles possibilités y a-t-il chez vous? Est-ce que tu as un petit travail pour gagner de l'argent supplémentaire?

Dans nos magasins et supermarchés on voit de plus en plus de produits et de marchandises anglais – provisions, vêtements, jouets, etc. Est-ce que c'est la même chose chez vous en ce qui concerne nos produits?

J'espère que tu pourras me récrire avant Noël.

Alain

6
Lyon,
le 4 mai

Cher/Chère ......,

Je commence à m'inquiéter car j'ai bientôt des examens à passer. Je n'ai pas beaucoup travaillé cette année, surtout dans les matières que je n'aime pas, c'est-à-dire les maths et l'anglais. Je crois que je vais échouer. Mes parents vont être furieux car ils me trouvent très paresseuse. J'ai plein de copains et de copines et je sors presque tous les soirs au foyer, au cinéma, ou ailleurs. Est-ce que tu étudies de longues heures le soir? En quelles matières es-tu fort(e)? Et faible? J'en ai marre de l'école et j'aimerais la quitter le plus tôt possible.

Mes parents disent que je devrais continuer mes études. Une de mes sœurs s'est mariée jeune. Elle a vingt ans et a déjà deux enfants. Je ne veux pas faire comme elle. Au lieu d'aller à l'université mon frère a trouvé un poste dans une banque. Il gagne un très bon salaire et a son propre appartement en ville! Il a aussi une voiture neuve et s'habille très à la mode. Je crois que c'est ça la vie pour moi!

Est-ce que tu sais déjà ce que tu vas faire dans la vie? Est-ce que tu as déjà discuté de ce problème avec quelqu'un? Quand j'essaie d'en parler à mes parents, ma mère finit par fondre en larmes, et mon père se met en colère. C'est difficile, les parents, n'est-ce pas?

J'espère bientôt recevoir de tes nouvelles.

Toutes mes amitiés,
Jacqueline

7

Créteil,
le 2 avril

Cher/Chère ......,

Je te remercie pour ta lettre et pour les deux photos. J'aime surtout celle de ta famille dans la neige. Je ne reconnais pas le monsieur qui est avec vous, ni le petit garçon. Est-ce que je les ai rencontrés quand j'étais en Angleterre? Je ne crois pas. Quand est-ce qu'on a pris la photo? Où étiez-vous exactement? Puisque toute la famille est sur la photo, qui c'est qui l'a prise? Sur l'autre photo tu te tiens à côté d'une voiture fantastique. Qu'est-ce que c'est, et à qui est-ce qu'elle appartient? Vous aviez une vieille Ford quand j'étais chez vous, si je me rappelle bien.

J'ai remarqué aussi que tu portes les cheveux très courts maintenant. Depuis quand? Tu les portais très longs l'an dernier. Pourquoi ce changement?

Je n'ai pas de photos récentes à t'envoyer, mais si tu veux je t'enverrai des posters. Collectionner des posters est devenu très populaire chez nous, et ça se vend partout. Dis-moi quel genre de posters tu aimerais.

Tu trouveras ça un peu bizarre, peut-être, mais je fais collection de porte-clefs. J'en ai déjà une trentaine. Si tu en as, dont tu n'as plus besoin, veux-tu me les envoyer? Ou si tu veux m'en acheter, je t'enverrai l'argent.

Hier c'était le premier avril, le jour des 'poissons d'avril', où l'on fait toutes sortes de tours à ses copains et copines. Par exemple, on a attaché la voiture de mon frère à une poubelle avec de la corde. En démarrant il l'a traînée tout le long de l'allée! Quels tours as-tu faits à tes copains et copines? Et qu'est-ce qu'ils t'ont fait à toi?

J'espère que tu m'écriras bientôt,

Simon

---

8 Imagine that one of your parents has written to a French hotel but has not made a very good job of it. Answer this letter received from the hotel owner:

Hotel Mirador,
Paris,
le 25 avril

Cher Monsieur/Chère Madame,

Merci pour votre lettre du 8 avril. Malheureusement elle contient certaines phrases que je ne comprends pas, et vous oubliez également de me donner certains détails nécessaires. Pourriez-vous me récrire en me donnant les détails suivants:

Vous demandez si nous avons des chambres libres à partir du 25 juin, mais vous ne dites pas combien de temps vous comptez rester. Combien serez-vous, c'est-à-dire combien d'adultes et combien d'enfants? Vous ne dites pas non plus quelles sortes de chambres vous préféreriez (nombre et sortes de lits, salle de bains, W.C., douche, etc.).

Il y a possibilité de prendre le petit déjeuner et le dîner à l'hôtel: pourriez-vous indiquer si vous désirez manger ici. Si vous le voulez, nous pouvons aussi préparer des repas à emporter, si vous comptez faire des excursions. Je vous joins une liste d'excursions en car. Il faut réserver des places à l'avance; si vous voulez bien nous dire vos préférences, et combien vous serez pour chaque excursion, nous vous organiserons cela.

Veuillez trouver ci-joint un dépliant contenant une liste de nos prix, plus un plan du quartier.

Veuillez agréer, Monsieur/Madame, l'expression de mes meilleures salutations,

Pierre Lagarde

Liste d'excursions

26 juin	Versailles	30F
29 juin	Tour de Paris	35F
1 juillet	Paris la nuit	35F
3 juillet	Château de Vincennes	30F
5 juillet	Fontainebleau	35F
7 juillet	Tour de Paris	35F
9 juillet	Tour Eiffel/Arc de Triomphe	25F

Le prix de l'entrée aux monuments n'est pas compris. Prix réduit pour enfants.

---

9 Imagine that your town/village has just been twinned with a town/village in France. Answer the following letter from one of the French organizers:

Sarzay,
le 28 mai

Cher Monsieur ....../Chère Mademoiselle ......,

Nous espérons pouvoir écrire dans notre journal local un article sur votre ville/village. Pourriez-vous m'en donner une courte description en me disant combien d'habitants il/elle a, quelles sortes d'écoles il y a, et d'autres détails de ce genre. J'aimerais savoir également s'il y a des clubs et sociétés que nous pourrions contacter en vue d'organiser des visites ou des échanges et s'il y a des équipes sportives contre lesquelles nos équipes pourraient organiser des matchs ou des compétitions. Si nous pouvions organiser une visite en groupe, quelles possibilités y a-t-il pour loger nos gens – hôtels, pensions, etc.?

J'ai aussi une demande personnelle: un de mes collègues a un fils de seize ans qui désire passer quelques semaines en Angleterre 'en famille' pour perfectionner son anglais. Connaissez-vous par hasard une famille qui pourrait le recevoir? De préférence une famille avec un garçon de son âge. Si vous en trouvez une, pourriez-vous m'en envoyer des détails et me dire quand il pourrait venir et combien de temps il pourrait rester chez eux. Il peut venir en hôte payant, ou, si les parents anglais le préfèrent, ils peuvent envoyer leur fils ou leur fille en échange. C'est une famille riche possédant une énorme maison à la campagne. Le père est dentiste. C'est un garçon très sympathique et j'espère que vous pourrez l'aider.

Veuillez agréer, Monsieur/Mademoiselle, l'expression de mes plus sincères remerciements,

Pierre Letouitte

10 You have received the following letter from your French pen-friend who has just stayed with you. Write, in French, a reply to the letter in which you state that you have found a suitable family. Supply the information asked for.

Gérardmer
le 30 avril 1978

Cher Robert,

Je veux te remercier de tout ce que tu as fait pour moi pendant mon séjour en Angleterre. Nous avons passé de bons moments, n'est-ce pas? Que penses-tu du livre que je t'ai envoyé?

Comme tu sais, mon cousin André, qui a seize ans, n'a jamais visité l'Angleterre. Il a l'intention d'y passer quelques semaines cet été. Il préfère loger avec une famille où il y a des enfants de son âge. Il aime être à la campagne.

Qu'est-ce qu'il mangera? André est difficile, tu sais. Il voudrait aussi avoir une chambre à lui.

Je sais que vous n'avez plus assez de place chez vous, mais j'éspère que tu pourras lui trouver une famille. Qui viendra le chercher à l'aéroport?

Si tu m'envoies le nom et l'adresse d'une famille, André fera le nécessaire.

Très cordialement,
Marie-Claire (Joint 16+)

11

Nantes,
le 30 avril

Cher ami/Chère amie,

Tu sais bien que j'aime beaucoup les animaux – eh bien, mon chien vient de mourir. Heureusement, mes parents vont m'en acheter un autre – en ce moment il est trop jeune pour quitter sa mère, parce qu'il n'a que trois semaines. Il est vraiment mignon.

Tu m'as dit dans ta dernière lettre que tu avais un chien et d'autres animaux. Comment est-il, ton chien? Sait-il faire des tours? Et qu'est-ce que tu as encore comme animaux? un lapin? une tortue? un cochon d'Inde? un chat? Cela m'intéresse beaucoup de le savoir.

Donne-moi aussi des nouvelles de ta famille.

Ton amie
Marie-Claude

(EAEB)

12 Write a reply to the following letter in French in about 150 words. Answer all the questions as fully as possible and in your reply include these points:
a Ask if many school children in France work in shops at weekends
b Tell your penfriend that you will not be able to go to France this summer.
c Ask your penfriend what else his/her brother received for his/her birthday.

Dieppe,
le 14 juin

Cher ami/Chère amie,

C'est avec grand plaisir que j'ai lu ta dernière lettre. Tu as dû passer des vacances de Pâques très intéressantes en Suisse. Es-tu allé(e) faire du ski pendant ton séjour? Est-ce que ta famille a fait du camping là-bas ou est-elle restée dans un hôtel?

Je te remercie de la part de mon frère pour le cadeau que tu lui as envoyé pour son dix-septième anniversaire. Il était ravi du disque, mais comment savais-tu qu'il aimait le jazz? Dis-moi quand tu auras dix-sept ans parce que mon frère voudrait t'envoyer un disque français.

Tu as eu de la chance de trouver du travail dans un supermarché le samedi. A quelle heure est-ce que le magasin ouvre le matin? Combien d'argent est-ce qu'on te donne et qu'est-ce que tu vas faire de cet argent?

Je dois finir maintenant parce que je veux regarder mon programme favori à la télévision. Ecris-moi bientôt.

Ton ami(e)
Martin(e)

(SREB)

Section B

Write letters on the following topics:

1 Write a letter to a French penfriend thanking him/her for the Christmas card and present he/she sent you. Say when it arrived. Ask whether he/she received the one you sent, and what he/she thought of it. Talk about the other presents and money you received and say what you did over Christmas. Say how you intend to spend the money.

2 Write a letter to a French penfriend inviting him/her (and perhaps another member of his/her family) to come and stay with you at Easter. Give the dates of your school holidays and say how long he/she/they could stay. Mention what accommodation you can provide. Discuss arrangements for meeting him/her/them. Discuss some things you might do during his/her/their stay. Ask whether he/she/they have any particular wishes and ask what he/she/they particularly like to eat and drink.

3 Write to a 'syndicat d'initiative' asking for information about the town and surrounding area. Find out about places of interest and coach trips. Ask about hotels and campsites with prices, if possible. Ask for a map of the area and a plan of the town. Say when you hope to be there and ask whether there will be any special events during your stay.

4 Imagine that a French correspondent was due to stay with you but at the last minute you had to arrange for him/her to stay with a friend's family because your mother was ill. Write describing your friend and giving some information about his/her family and home. Explain that he/she will still be able to come to your house during the day, for meals, during the evening, etc.

5 Imagine that your penfriend lost something valuable while you were out together on the evening before his/her return to France (a camera, a ring, a watch, etc.). Write him/her a letter telling him/her of your efforts to find/recover it and of your (lack of) success. If you have found it, say how you will get it to him/her.

6 A French team (football, swimming, netball, judo?) is coming to compete with a team from your school/town. Write to the organizer outlining the arrangements you have made for meeting them, accommodating them, entertaining them, the match/competition itself, seeing them off. Ask how many will be coming apart from the team itself.

7 Write to a French penfriend telling him/her about your friends and what you do in your leisure time (evenings, weekends, holidays).

8 Write to a French penfriend telling him/her about your school, your teachers, a typical school day, clubs and societies, trips and outings. Say what you like and dislike about your school.

9 Write a letter to a penfriend describing a special evening out that you had. Thank him/her for the good time he/she gave you in France and invite him/her to come and stay with you during the summer holidays.

(WYI RFR)

10 Write a letter to a French penfriend thanking him for the birthday present which you have received. Say how you spent your birthday and say what you intend to do next weekend.

(MREB)

11 Imagine that you are on holiday at the sea-side. One day on the beach, you find a bottle with a letter inside. It has been written by a French boy/girl who lives in Calais. The letter asks the finder to write to him/her. Reply to the letter, saying what you are doing at the sea-side, and how you came to find the bottle. Give some details about yourself and your family and ask for information about the French boy/girl and his/her family.

(YREB)

12 Imagine that you have just returned from a holiday spent in England or abroad. Unfortunately, you had a most unhappy time. You were dissatisfied with such things as the travel arrangements, delays, uncomfortable hotel, poor food, bad weather, number of people, lack of things to do, etc. Write a letter to a friend in France, describing some of your misfortunes.

(YREB)

13 Imagine that you have received a letter from your French penfriend, part of which is given below. Write a complete letter in reply *dealing with all the points raised* by your correspondent, who may be male or female.

«Merci bien de ta dernière lettre. On a parlé à la police au sujet du portefeuille que tu as perdu pendant ta visite chez nous. Ils demandent plus de détails. Veux-tu me décrire le portefeuille? Qu'est-ce qu'il y avait dedans? Quand l'as-tu perdu? Ecris-moi tous les détails de ce que nous avons fait ce jour-là.

Tout va bien chez vous?»

(SWEB)

Grammar survey

The articles

The definite article (the)

	singular	plural
masc.	le (l')	les
fem.	la (l')	les

There are cases where the definite article is used in French but not in English. The most common are:

1 Nouns used in a general sense:

J'aime le thé. J'adore les chats. Je n'aime pas les fruits.

2 Countries, geographical areas and features, languages:

La France[1] est un beau pays.
On a visité la Bretagne[1].
J'ai vu le Mont Blanc.
J'apprends le français[2].

3 Titles:

Monsieur le maire
la reine Elizabeth

4 Saying what things cost:

4 francs le paquet
9 francs le kilo

5 When talking about parts of the body the definite article is usually used in French where in English we would use no article or use a possessive adjective (my, your, etc.):

J'ai les yeux bleus, les cheveux longs. Je me suis coupé la main, cassé le bras.

---

[1] With feminine countries and regions the article is dropped after the preposition en: en France, en Ecosse; en Bretagne, en Normandie.

[2] The article is not used with the verb parler: Je parle français.

112

'A' + definite article

The preposition à (= to, at) cannot stand with either le or les. It combines with them to form au and aux.

le carrefour	– Allez au carrefour.
la banque	– Allez à la banque.
l'hopital	– Allez à l'hôpital.
les feux	– Allez aux feux.

'De' + definite article

The preposition de (= of, from) cannot stand with either le or les. It combines with them to form du and des.

le café	– la terrasse du café
la rue	– le coin de la rue
l'hôtel	– le nom de l'hôtel
les magasins	– les noms des magasins

The indefinite article (a, some)

	singular	plural
masc.	un	des
fem.	une	des

There are cases where the indefinite article is used in English but not in French. The most common are:

1 Jobs and nationalities:

Il est Francais[1]. Elle est Allemande[1]. Ils sont Anglais[1].
Mon père est ingénieur. Je suis étudiant(e).
Mon frère espère devenir médecin.

2 Quel(le) . . .!

Quel soulagement! Quelle surprise!

---

[1] The article is included after c'est/ce sont: C'est un Français. C'est une Allemande. Ce sont des Anglais.

The partitive article (some, any)

1

	singular	plural
masc.	du/de l'	des
fem.	de la/de l'	des

Voici **du** pain.
Est-ce qu'il reste **de la** confiture?
J'ai **de l'**argent sur moi.
Je vais acheter **des** cartes postales.

2 Du/de l'/de la/des change to de/d' in the following cases:

a After a negative[1]:

Je n'ai pas **d'**argent.
Il n'y a plus **de** pain.

b Before an adjective which stands before the noun:

Il y a d'énormes immeubles en ville.
Il a acheté **de** beaux vêtements.

c After **quelque chose** and **rien**:

J'ai quelque chose **d'**important à te dire.
Qu'est-ce qu'il y a à la télé? Rien **d'** intéressant.

d After **avoir besoin de** (meaning to need some . . .):

J'ai besoin d'argent, d'enveloppes, **de** papier.

e After expressions of quantity:

du temps	– combien **de** temps?
de l'huile	– une bouteille **d'**huile
de la confiture	– un pot **de** confiture
des élèves	– un groupe/beaucoup **d'**élèves

---

[1] An exception to this is **ne . . . que** (only):

Il ne reste que **du** pain.

This is because **ne . . . que** does not have a full negative meaning (i.e. if there is *only* bread, there must be *some*).

Nouns

Gender of nouns

There are some rules about gender, but they have so many exceptions that it is better to learn the gender when you learn the noun (i.e. never note a new word as **arbre, chaussure, passage à niveau**, but as **un arbre, une/la chaussure, un/le passage à niveau**).

Common sense tells you that male people and male animals are masculine:
un homme, **le** roi, **un** chien, etc.

and that female people and female animals are feminine:
une femme, **la** reine, **une** chienne, etc.

Note also that **enfant** and **élève** can be of either gender.
un(e) enfant, **un(e)** élève

Feminine of nouns

Again, it is better to learn the feminine form of a noun when you learn the masculine form, and these are given in the end-vocabulary. Some typical feminine forms are:

une ami – une ami**e**
un boulanger – une boulang**ère**
un pharmacien – une pharmaci**enne**
le prince Charles – la princ**esse** Diana
un chanteur – une chant**euse**
un acteur – une ac**trice**

Plural of nouns

Some general guide-lines can be given, but there are many exceptions to the rules.

1 Usually the plural of nouns is formed by adding **-s** to the singular:

un homme – des homme**s**
la maison – les maison**s**

113

2 There is no change when nouns already end in **-s**, or end in **-x**:

un fils — deux fils
une noix — des noix

3 Nouns ending in **-eau** and **-eu** add **-x**:

un château — les châteaux de la Loire
un bateau — des bateaux
mon neveu — mes neveux

4 Nouns ending in **-al** change to **-aux**:

un animal — des animaux
un cheval — des chevaux

5 Nouns ending in **-ou** usually add **-s**:

un clou — des clous
un trou — des trous

6 Here is a short list of exceptions and problem plurals:

un pneu — des pneus
un bijou — des bijoux
un caillou — des cailloux
un chou — des choux
le genou — les genoux
un œil — des **yeux**
le travail — les travaux
mon grand-père — mes grands-pères
ma grand-mère — mes grands-mères
un timbre-poste — des timbres-poste

Note also:

monsieur — **mes**sieurs
madame — **mes**dames
mademoiselle — **mes**demoiselles

Adjectives

Agreement of adjectives

Adjectives change in form depending on whether the nouns they are describing are masculine or feminine, singular or plural. They 'agree with' their noun. Most adjectives thus have four separate forms. The pattern for regular adjectives is:

masc.	fem.	masc. pl.	fem. pl.
grand	grande	grands	grandes
petit	petite	petits	petites

e.g. Le jardin est petit.
La maison est grande.
Les jardins sont petits.
Les maisons sont grandes.

When an adjective ends in an unaccented **-e** or an **-s** in its masculine singular form, no extra **-e** or **-s** is added:

rouge	rouge	rouges	rouges
gris	grise	gris	grises

Irregular adjectives

1 The feminine form of some adjectives is irregular, and in some cases the masculine plural form ends in **-x** rather than **-s**. Here are some typical examples:

masc.	fem.	masc. pl.	fem. pl.
beau	belle	beaux	belles
bon	bonne	bons	bonnes
naturel	naturelle	naturels	naturelles
premier	première	premiers	premières
secret	secrète	secrets	secrètes
vieux	vieille	vieux	vieilles
blanc	blanche	blancs	blanches
public	publique	publics	publiques
long	longue	longs	longues

Adjectives ending in **-al** form their masculine plural in **-aux**:
e.g. principal ⟶ principaux

Irregular feminine and plural forms are indicated in the end-vocabulary.

2 The adjective **tout** needs special attention:

tout le monde
toute la famille
tous les jours
toutes les filles

3 Some adjectives have a second form of the masculine singular which is used before a vowel sound. This makes it easier to say:

beau *but* un **bel‿**appartement
vieux *but* un **vieil‿**homme
nouveau *but* le **nouvel‿**an
ce *but* **cet‿**immeuble

Position of adjectives

1 When an adjective stands next to a noun (an English car, a modern house, *etc.*), the adjective usually stands after the noun in French (une voiture anglaise, une maison moderne, *etc.*).

2 Some adjectives, however, stand before the noun. The most common are:

grand(e), petit(e), nouveau/nouvelle, vieux/vieille, jeune, bon(ne), mauvais(e), joli(e), gros(se), haut(e).

e.g. une grande maison, un petit garçon, une nouvelle auto, une vieille dame, un jeune homme, une bonne/mauvaise idée, une jolie fille, une grosse femme, une haute montagne.

3 Sometimes the position of the adjective alters its meaning:

un **grand** homme − a great man
un homme **grand** − a tall man
ma **propre** chambre − my own bedroom
une chambre **propre** − a clean bedroom
ma **chère** amie − my dear friend
une robe **chère** − an expensive dress

Comparative and superlative of adjectives

1 The usual way of expressing comparison (in English -*er* and -*est*) is as follows:

	adjective	*comparative (-er)*	*superlative (-est)*
masc. sing.	grand	plus grand	le plus grand
fem. sing.	grande	plus grande	la plus grande
masc. pl.	grands	plus grands	les plus grands
fem. pl.	grandes	plus grandes	les plus grandes

Here are some examples of their use in sentences:

Equality: Pierre est aussi grand que sa sœur.
Superiority: Françoise est plus grande que son frère.
Total superiority: Pierre est le plus grand (garçon) de sa classe.
Inferiority: Alain est moins grand que sa sœur.
Alain n'est pas si grand que sa sœur.

2 Some adjectives are irregular, however, and one of the most common is **bon/bonne**. Note how it changes:

Pierre est un **bon** nageur.
Son frère est un **meilleur** nageur que lui.
Son cousin est **le meilleur** nageur (de la famille).

Meilleur must agree with its subject like any other adjective:
i.e. le meilleur groupe, la meilleure chanteuse, les meilleurs groupes, les meilleures chanteuses

3 Before a number (i.e. when talking about quantity) **de** is used instead of **que**:

Il travaille plus **que** toi.
But: Ça coûte plus **de** vingt francs.
Il y a plus **de** trente élèves dans ma classe.

4 Note the expression '**de plus en plus** + adjective' which expresses the English '-*er* and -*er*':

Elle devient de plus en plus jolie!

Possessive adjectives

Possessive adjectives (my, *your*, etc.) show to whom the thing described belongs. They agree with the thing 'owned', not with the 'owner'. **Son père** can therefore mean either *his father* or *her father.*

	masc. sing	*before vowel in sing.*	*fem. sing.*	*plural*
my	mon	mon	ma	mes
your	ton	ton	ta	tes
his/her	son	son	sa	ses
our	notre	notre	notre	nos
your	votre	votre	votre	vos
their	leur	leur	leur	leurs

Demonstrative adjective

masc. sing.	*before vowel sound in masc. sing.*	*fem. sing.*	*plural*
ce	cet	cette	ces

e.g. ce garçon/cet homme/cette femme/ces élèves

Interrogative adjective

masc. sing.	*fem. sing.*	*masc. pl.*	*fem. pl.*
quel	quelle	quels	quelles

e.g. quel garçon?/quelle femme?/ quels enfants?/quelles filles?

By changing the punctuation or the intonation, **quel(le)(s)** can also be used as an exclamation:

Quel dommage! Quel imbécile! Quelle surprise!

Adverbs

Formation of adverbs

1 Adverbs can often be formed from adjectives. This is usually done by adding **-ment** to the feminine form of the adjective:

final/finale ⟶ finalement
heureux/heureuse ⟶ heureusement
complet/complète ⟶ complètement
doux/douce ⟶ doucement

2 When the masculine form of the adjective ends in a vowel, the **-ment** ending is added to the masculine form:

vrai ⟶ vraiment
absolu ⟶ absolument
poli ⟶ poliment

Irregular formation of adverbs

1 Adjectives ending in -**ent** and -**ant** form adverbs ending in -**emment** and -**amment**:

patient ⟶ patiemment
récent ⟶ récemment
courant ⟶ couramment

The exception to this rule is **lent** which has the adverb **lentement**.

2 A few adjectives change the final -**e** of the feminine form to **é** and then add -**ment** as usual:

précis ⟶ precisément
énorme ⟶ énormément
profond ⟶ profondément

3 The following adjectives can be used as adverbs without changing their form:

(travailler) dur — (to work) hard
(parler) bas — (to speak) quietly
(crier) fort — (to shout) loud(ly)
(refuser) net — (to refuse) point blank,
absolutely
(courir) vite — (to run) fast, quickly
(coûter) cher — (to cost) a lot
(chanter) faux — (to sing) out of tune
(sentir) bon/ — (to smell) good/bad
mauvais

4 The following adverbs are important
and should be learnt:

peu/bien/mieux/moins/mal.

Comparative and superlative of adverbs

1 The usual way of expressing
comparison (in English usually
expressed by more-ly and most-ly) is:
Pierre court vite.
Son frère court plus vite que lui.
Son cousin court le plus vite.

2 The following important irregular forms
need to be noted:

bien	mieux	le mieux
mal	pis	le pis
	(plus mal)	(le plus mal)
beaucoup	plus	le plus
peu	moins	le moins

3 Adverbs do not agree with anything,
hence le does not change:

Elle joue le mieux.
Ils travaillent le plus, etc.

Verbs

In vocabularies and dictionaries verbs
are listed in their *infinitive* form, e.g.
jouer, to play. The different persons
(e.g. I, you, etc.) and tenses (e.g.
present, future, etc.) of the verb are
shown by different endings.

Present tense

1 In English there are three ways of
expressing the present tense:
I play (every day, often, etc.)
I am playing (now, this morning, etc.)
I do play/Do you play?

In French there is only one equivalent
for these three forms: je joue.

2 *Regular verbs* are those which can be
learnt as part of a large group of verbs
by following the pattern of a 'model'.
There are three groups:

a -er verbs, e.g. chercher, regarder,
porter
je cherche   nous cherchons
tu cherches   vous cherchez
il/elle cherche ils/elles cherchent

b -ir verbs, e.g. finir, choisir, rougir
je finis   nous finissons
tu finis   vous finissez
il/elle finit   ils/elles finissent

c -re verbs, e.g. descendre, attendre,
vendre
je descends   nous descendons
tu descends   vous descendez
il/elle descend ils/elles descendent

3 Certain common verbs are irregular
and must be learnt individually. They
are listed in the verb tables on pages
130–137.

4 Three very important verbs are avoir –
to have, être – to be, and aller – to go.
Their present tenses are:

avoir
j'ai   nous avons
tu as   vous avez
il/elle a   ils/elles ont

être
je suis   nous sommes
tu es   vous êtes
il/elle est ils/elles sont

aller
je vais	nous allons
tu vas	vous allez
il/elle va	ils/elles vont

Questions

There are three ways of making a statement into a question:

1 By raising the tone of the voice at the end of the sentence. This is very common in speech, but not in writing.

Il est malade. (statement)
Il est malade? (question)

2 By inverting the subject and verb, as in English, and inserting a hyphen between them:

Est-il malade?

To make pronunciation easier, -t- is put between two vowels:

il a ⟶ a-t-il?
il va ⟶ va-t-il?

3 By putting **est-ce que/qu'** . . . in front of the original statement:

Est-ce qu'il est malade?
Est-ce que vous avez . . .?

Est-ce que . . . can also be used with question words (when? why? how? etc.):

Quand est-ce que ça commence?
Où est-ce que tu travailles?
Comment est-ce que . . .?
Pourquoi est-ce que . . .?

Verbs with spelling changes in the present tense

Because of the way some verbs are pronounced, there is a slight change in spelling in certain persons of the present tense. Either the final consonant is doubled, or a grave accent (ˋ) is added. Here is an example of each:

appeler – to call
j'appelle	nous appelons
tu appelles	vous appelez
il/elle appelle	ils/elles appellent

acheter – to buy
j'achète	nous achetons
tu achètes	vous achetez
il/elle achète	ils/elles achètent

See also pages 130–131.

Reflexive verbs

1 When an infinitive includes the pronoun **se** (or **s'**) it is known as a reflexive verb. Here are some examples:

s'appeler – to be called (literally; 'to call oneself')
se blesser – to hurt oneself
s'adresser à – to ask, make enquiries (literally: 'to address oneself to')

As well as meaning 'oneself', the reflexive pronoun **se** can also have the meaning 'one another':

se voir – to see oneself, to see one another
s'aider – to help one another
s'embrasser – to kiss one another, put one's arms around one another

2 The present tense of reflexive verbs is the same as that of any other verbs, except that an extra pronoun must be added for each person. A typical present tense is:

je **m'**appelle	nous **nous** appelons
tu **t'**appelles	vous **vous** appelez
il/elle **s'**appelle	ils/elles **s'**appellent

3 M', t', s' are used before a vowel; in other cases **me**, **te**, **se** are used. These pronouns must also be included in questions:

Comment est-ce que tu t'appelles?
Comment t'appelles-tu?
Tu t'appelles comment?

118

Giving orders (imperative)

1 In the case of most verbs one can give an order by simply dropping the subject pronoun, as in English:

tu choisis → choisis!
vous choisissez → choisissez!

2 If the same thing is done with the **nous** form of the verb, it has the meaning 'let's . . .'.

nous choisissons → choisissons!

3 In the **tu** form of regular -er verbs and the verb **aller** the final -**s** is omitted:

tu regardes → regarde!
tu vas → va!

4 Reflexive verbs require a reflexive pronoun in the order form (like the English 'behave *yourself*', 'move *yourself*'). Note that **toi** replaces **te** in an order:

Adresse-toi	à la réception!
Adressons-nous	
Adressez-vous	

In the negative, the reflexive pronoun remains in front of the verb:
Ne te lève pas!
Ne vous levez pas!

The perfect tense (passé composé)

1 In French there is only one way of expressing the two English past tenses 'did' and 'have done'.
An English person would say: I have bought a record, *but* I bought a record yesterday.
For a French person there is only one form of the verb for expressing both of these: J'ai acheté un disque *and* J'ai acheté un disque hier. (*Literally:* I have bought a record yesterday.)

2 The two parts of this tense are referred to as the *auxiliary verb* (in this case **avoir**) and the *past participle*.

3 The full perfect tense of the three regular groups of verbs is as follows:

j'ai	acheté
tu as	fini
il/elle a	attendu
nous avons	
vous avez	
ils/elles ont	

4 Questions in the perfect tense are formed thus:

Est-ce que tu as fini?/Est-ce qu'il a fini?
Tu as fini?/Il a fini?
As-tu fini?/A-t-il fini?
Did you finish, have you finished?/Did he finish, has he finished?

Irregular past participles

Some past participles are irregular and must be learnt. Some common ones are:

avoir	– j'ai **eu**
boire	– j'ai **bu**
devoir	– j'ai **dû**
dire	– j'ai **dit**
écrire	– j'ai **écrit**
être	– j'ai **été**
faire	– j'ai **fait**
mettre	– j'ai **mis**
pouvoir	– j'ai **pu**
prendre	– j'ai **pris**
voir	– j'ai **vu**

Other irregular past participles are given in the verb tables.

Verbs requiring 'être' in the perfect

1 A few verbs form their perfect tense with **être** instead of **avoir**. The past participle of these verbs agrees with the subject, in the same way as adjectives agree with nouns:

je suis allé(e)	nous sommes allé(e)s
tu es allé(e)	vous êtes allé(e)(s)
il est allé	ils sont allés
elle est allée	elles sont allées

119

Other important verbs of this kind are:

venir	venu(e)
arriver	arrivé(e)
partir	parti(e)
retourner	retourné(e)
sortir	sorti(e)
entrer — je suis	entré(e)
rentrer	rentré(e)
descendre	descendu(e)
monter	monté(e)
rester	resté(e)
tomber	tombé(e)

2 The perfect tense of all reflexive verbs is formed with **être**. The past participle must agree with the subject, as in the verbs above. The full perfect tense of **se reposer** will illustrate this:

je me suis reposé(e)
tu t'es resposé(e)
il s'est reposé
elle s'est reposée
nous nous sommes reposé(e)s
vous vous êtes reposé(e)(s)
ils se sont reposés
elles se sont reposées

3 Questions are formed thus:

Tu t'es reposé(e)?
Est-ce que tu t'es reposé(e)?
T'es-tu reposé(e)?

4 Of course, many reflexive verbs are irregular and have irregular past participles. In some cases the feminine agreement, apart from being obvious in the written form, is also heard in speech:

s'asseoir — elle s'est assise
se mettre en route — elle s'est mise en route

5 As with adjectival agreement, when a past participle ends in -s (**mis/assis**, etc.) no further -s is required for the masculine plural agreement:

Les garçons se sont mis en route.
Les hommes se sont assis.

Agreement of past participle with preceding direct object

1 The past participles of verbs which form their perfect tense with **avoir** must agree with the direct object if this is mentioned before the verb occurs in the sentence. Look at these examples:

a J'ai vu | ton sac (*masc. sing.*)
| ta valise (*fem. sing.*)
| tes bagages (*masc. pl.*)
| tes valises (*fem. pl.*)

When the verb occurs, the direct object has not yet been mentioned, so there is no agreement.

b Ton sac? Oui, je l'ai vu.
Ta valise? Oui, je l'ai vue.
Tes bagages? Oui, je les ai vu**s**.
Tes valises? Oui, je les ai vu**es**.

When the verb occurs, the direct object has already been mentioned, so there is agreement.

c J'ai acheté | un souvenir (*masc. sing.*)
| une carte (*fem. sing.*)
| des souvenirs (*masc. pl.*)
| des cartes (*fem. pl.*)

When the verb occurs, the direct object has not yet been mentioned, so there is no agreement.

d Voici | le souvenir que j'ai acheté.
| la carte que j'ai achetée.
| les souvenirs que j'ai achetés.
| les cartes que j'ai achetées.

When the verb occurs, the direct object has already been mentioned, so there is agreement.

2 In speech, these agreements will only very rarely change the sound of the past participle. But be careful with verbs such as **mettre**, **promettre**, **prendre**, **faire**, and others whose past participles end in a consonant:

Où est ma valise? Je l'ai mise ici!
Et l'aide que tu m'as promise?
Tu cherches la machine à écrire? C'est
Jean qui l'a prise.
La promenade qu'on a faite hier . . .

Reflexive verbs: non-agreement of past participle with indirect object

In a sentence such as 'Elle s'est coupée' (She has cut herself), the s' (herself) is the *direct* object, and the past participle agrees with this preceding direct object.

In 'Elle s'est coupé la main' (She has cut her hand), the s' (to/for herself) is the *indirect* object. (The sentence actually means 'She has cut to/for herself the hand.') The direct object of the verb couper is la main which follows the verb. There is therefore no agreement of the past participle.

Here are some more examples. In each one look carefully at the position of the direct object, which is in dark type:

Elle s'est blessée.
Les garçons se sont blessés.
Elle s'est fait mal.
Les garçons se sont cassé la jambe.

Après avoir/être/s'être + past participle

1 'After having done something' is expressed by après avoir + past participle for verbs which take avoir, après être + past participle for verbs which take être, and après s'être + past participle for reflexive verbs:

Après avoir acheté un journal, Jean a cherché un emploi dans les petites annonces.
Après être rentré de chez le docteur, il s'est couché.
Après s'être reposé, il s'est remis au travail.

2 With reflexive verbs, the appropriate pronoun must be used:

Après m'être reposé(e), je . . .
Après t'être reposé(e), tu dois . . . *etc.*

3 This structure can only be used when the subject of the two verbs is the same. You can use it to say 'When *I* got home, *I* made some tea', but it would not be suitable for expressing ideas such as 'When *I* got home, *my mother* made some tea.'

The imperfect tense

1 The formation of this tense is the same for all but one verb, être. The stem is the same as the nous form of the present tense, minus its -ons ending:

regardons → regard-
finissons → finiss-
attendons → attend-
avons → av-
faisons → fais-
prenons → pren-
voyons → voy-

To this stem is added the following endings:

je regardais
tu regardais
il/elle/on regardait
nous regardions
vous regardiez
ils/elles regardaient

The irregular stem of être is ét-: j'étais, tu étais, etc.

The imperfect tense is used to talk about the past, but not to say what someone *has done*, or *did*. This, as we have seen, is expressed by the perfect tense.

The imperfect tense expresses:

a what someone used to do.
b what someone was doing.

The following examples will illustrate the difference between these two tenses:

Il a fait ses devoirs. (Perfect)
He did/has done his homework.
Il faisait ses devoirs dans sa chambre. (Imperfect)
He was doing/used to do his homework in his bedroom.
J'ai vu le journal (ce matin). (Perfect)
I have read the paper/read the paper (this morning).
Je lisais le journal quand il est arrivé. (Imperfect + perfect)
I was reading the paper when he arrived.
Je lisais souvent le journal quand j'étais en France. (Imperfect + imperfect)
I used to read the paper often when I was in France.

The future tense

1 Just as in English, **aller** + infinitive can be used to express what *is going to happen*. This is sometimes called the 'immediate future tense':

Je vais regarder la télé ce soir.
I'm going to watch television this evening.
Qu'est-ce que tu vas faire?
What are you going to do?
S'il ne fait pas attention, il va tomber.
If he's not careful, he's going to fall.

2 The future tense expresses what *will happen*:

Je regarderai la télé.
I'll watch television.

3 Regular verbs form the future tense by adding a slightly modified form of the present tense of **avoir** to the infinitive. (Regular **-re** verbs drop the final **-e** of the infinitive before adding the endings.)

The full future tense of the three regular groups of verbs is thus:

je	regarder-	ai
tu	finir-	as
il/elle/on	vendre-	a
nous		ons
vous		ez
ils/elles		ont

4 There are many irregular future stems which have to be learnt. Some of the most common are listed here. Others are given in the verb tables.

aller – **ir-**	pleuvoir – **pleuvr-**
avoir – **aur-**	pouvoir – **pourr-**
devoir – **devr-**	venir – **viendr-**
envoyer – **enverr-**	voir – **verr-**
être – **ser-**	vouloir – **voudr-**
faire – **fer-**	

e.g. Je serai – *I'll be*
Il devra – *He'll have to*
Tu verras – *You'll see*
Ils pourront – *They'll be able to*
Il pleuvra – *It'll rain*

The conditional tense

1 The conditional tense expresses the idea 'I'd', 'you'd', 'he'd', etc. It is formed with the same stem as the future tense (see above) but its endings are those of the *imperfect* tense:

je	regarder-	ais
tu	finir-	ais
il/elle/on	vendr-	ait
nous	viendr-	ions
vous	fer-	iez
ils/elles		aient

2 You have probably used the conditional without realizing it in set expressions such as:

Je voudrais ... | – *I'd like* ...
J'aimerais ... |

Je préférerais ... – *I'd prefer* ...

Apart from this, it is usually found in sentences in combination with the imperfect tense:

Si j'étais riche, j'habiterais en Grèce.
If I was/were rich, I'd live in Greece.
S'il faisait beau, on pourrait . . .
If the weather was/were nice, we'd be able to/we could . . .

The pluperfect tense

1 The perfect tense expresses what has happened; the pluperfect goes back one step further in time and expresses *what had happened* (before something else happened).

2 Its formation is the same as that of the perfect tense (see p. 110), except that the auxiliary verb **avoir** or **être** is in the *imperfect*, and not the present tense:
Il a acheté – *he has bought*
il avait acheté – *he had bought*
Je suis allé(e) – *I have been*
j'étais allé(e) – *I had been*
nous nous sommes installé(e)s – *we have settled in*
nous nous étions installé(e)s – *we had settled in*

3 The rules for the agreement of the past participle are the same as those for the perfect tense (see pp. 119–121).

The past historic (passé simple)

1 In novels, essays, history books, and other serious works, and also in formal speeches, the past historic tense is used where in everyday correspondence and speech the perfect tense is found. You will not need to be able to use it yourself, but will need to be able to recognize it, and know which verb is being used.

2 The stems and endings for regular -er, -ir and -re verbs are:

donn/er	fin/ir
je donnai	je finis
tu donnas	tu finis
il donna	il finit
nous donnâmes	nous finîmes
vous donnâtes	vous finîtes
ils donnèrent	ils finirent

vend/re

je vendis	nous vendîmes
tu vendis	vous vendîtes
il vendit	ils vendirent

Many verbs also have the endings:
-us, -us, -ut, -ûmes, -ûtes, urent.

3 Most verbs are readily recognizable: il **donna**, ils **allèrent**, elle **lut**, etc. The following may give problems and are worth learning:
avoir – j'eus   naître – je naquis
devoir – je dus   pouvoir – je pus
être – je fus   vivre – je vécus
faire – je fis   voir – je vis

The passive

1 A verb is said to be in the passive when the subject, instead of doing something, has something done to him/her/it:
He hurt the boy. (*Active:* he was doing the hurting)
He was hurt by the falling tree. (*Passive:* he was being hurt*)

2 The passive is formed in French, as in English, by using an appropriate tense of the verb *to be* (**être**) with a past participle. It is most commonly found in French in the perfect and the future.

Il a été mordu par un chien.
He was/has been bitten by a dog.
Elle a été tuée.[1]
She was/has been killed.
Elle sera blessée.[1]
She will get hurt.

---

[1] Note that the past participle must agree with the subject.

'En' + present participle

1 If you want to express the English idea of *while -ing* or *by -ing*, you can use the structure **en** + present participle.

2 The present participle has the same root as the **nous** form of the present tense, plus the ending **-ant**:

regarder → nous regardons → en regard**ant**
manger → nous mangeons → en mange**ant**

Here are some examples of its use:

Pierre s'est blessé en travaillant.
Pierre hurt himself while (he was) working.
Marie s'est coupé la main en ouvrant une boîte. *Marie cut her hand while (she was) opening a tin.*

3 This structure can only be used when the subject of the two verbs is the same (i.e. Marie cut her hand and *she* was opening the tin). It could not be used in a sentence like 'Pierre fell out of the car while *it* was moving.'

Depuis/Ça fait . . . . . . que

1 In order to express in French how long someone *has* been doing something, one uses the *present* tense with **depuis**:

Depuis quand est-il malade?
How long has he been ill?
Il est malade depuis deux jours.
He's been ill for two days.
(Literally: *He is ill since two days.*)

2 In order to express how long someone *had* been doing something, one uses the *imperfect* tense with **depuis**:

Il attendait depuis une heure quand sa fiancée est enfin arrivée.
He had been waiting for an hour when his fiancée finally arrived.
(Literally: *He was waiting since an hour*)

3 Another way of expressing the above is by using **ça fait . . . . . . que** + present tense, and **ça faisait . . . . . . que** + imperfect tense. The following examples will illustrate this:

Ça fait quatre ans que j'apprends le français.
Ça fait deux jours qu'il est malade.
Ça faisait vingt ans qu'ils habitaient là.
Ça faisait une heure qu'il attendait.

Quand

In sentences such as 'I'll tell him, when I see him', the French are more logical than we are. Since 'seeing him' will be in the future, in French one says 'I'll tell him, when I *shall see* him':
i.e. Quand je le **verrai**, je le lui dirai.

Venir de + infinitive

Venir de . . . pairs up with **aller à** . . . in their literal meanings, 'to come from . . .' and 'to go to . . .'.
They also pair up in their less literal meanings, 'to be going to do something' (**aller** + infinitive) and 'to have just done something' (**venir de** + infinitive). In French the idea of 'having just done something' is expressed as 'coming from doing something'.

Je vais voir un film.
I'm going to see a film.
Je viens de voir un bon film.
I've just seen a good film. (Literally: *I'm coming from seeing a good film.*)
Je venais de voir un film.
I'd just seen a film. (Literally: *I was coming from seeing a film.*)

The negative

1 The negative is not always used to negate a verb, as the following examples illustrate:

Nous habitons **non** loin de la gare.
Qui a fait ça? **Pas** moi.
C'est pour tes parents et **non pas** pour
toi.
J'ai perdu **non** seulement mon argent
mais mon passeport aussi.
Je n'aime pas ça. – Moi **non plus.**
Qui est là? – **Personne!**
Qu'est-ce que tu as acheté? – **Rien.**
Tu es allé en France? – **Jamais.**

2 When a verb is involved the negative
has two parts. Here are the most
common negatives:

ne .../n' ...

pas	–	not
plus	–	no more, no longer
jamais	–	never, not ever
rien	–	nothing, not anything
personne	–	nobody, not anybody
nulle part	–	nowhere, not anywhere
que	–	only
ni ... ni ...	–	neither ... nor ...

3 These two parts go round the verb:

Je **ne** suis **pas** Anglais.
Je **ne** vais **jamais** en France.

4 If there are pronouns, they go round
them too:

Je **ne** les ai **pas** vus.
Je **n**'y vais **pas.**
Il **ne** faisait **rien.**

5 Where there is a verb with a dependent
infinitive, they usually go round the first
verb:

Il **ne** veut **pas** jouer.
Je **ne** vais **pas** y aller.

6 In compound tenses they go round the
auxiliary verb (and include the
pronouns, if any):

Je **n**'ai **pas** vu ce film.
Il **ne** l'a **pas** acheté.
Ils **n**'y sont **pas** allés.
Nous **ne** les avons **jamais** vus.

7 The only exceptions to this are **ne ...
personne** and **ne ... nulle part** (when
the past participle is enclosed too), and
ne ... que (when the **que** waits to
precede the word it restricts):

Je **n**'ai vu **personne** dans les rues.
Je **ne** l'ai trouvé **nulle part.**
Je **n**'ai acheté **que** quelques cartes
postales.

8 When the verb being negated is an
infinitive, both parts of the negative
stand together in front of it, and any
pronouns associated with it:

Je préférerais **ne pas** y aller.
Il a promis de **ne jamais** en parler.

The use of the infinitive

1 Some verbs are followed by a plain
infinitive. Here are some common
examples:

pouvoir	– to be able (to)
vouloir	– to want (to)
savoir	– to know how (to)
devoir	– to have (to), be obliged (to)
aller	– to be going (to)
aimer	– to like, love (to)
adorer	– to love (to)
détester	– to loathe, hate (-ing)
espérer	– to hope (to)
compter	– to intend, have it in mind (to)
préférer	– to prefer (to)
oser	– to dare (to)
laisser	– to let ...

2 Some verbs are followed by
de + infinitive. Some common ones are:

cesser de	– to stop (-ing)
décider de	– to decide (to)
essayer de	– to try (to)
éviter de	– to avoid (-ing)
finir de	– to finish (-ing)
oublier de	– to forget (to)
regretter de	– to regret (-ing)
refuser de	– to refuse (to)
se souvenir de	– to remember (to)

125

avoir honte de – to be ashamed (of -ing)
avoir peur de – to be frightened (to)
avoir envie de – to fancy (-ing)

commander à quelqu'un de . . .
– to order someone (to)
Similarly:
conseiller – to advise
défendre – to forbid
demander – to ask
dire – to tell
permettre – to allow
promettre – to promise

e.g. Il a conseillé à son frère d'aller
à Paris. *He advised his brother to go
to Paris.*

3 Some verbs are followed by
à + infinitive. Some common ones are:

apprendre à – to learn, teach (to)
commencer à – to begin (to)
se mettre à – to start, set to (-ing)
hésiter à – to hesitate (to)
s'amuser à – to have a good
time (-ing)
passer son – to spend one's
temps à time (-ing)
perdre son – to waste one's
temps à time (-ing)
réussir à – to manage (to).
succeed in (-ing)

The following adjectives are sometimes
followed by à + infinitive:

dernier/dernière
– Elle était la dernière à finir.
premier/première
– Il était le premier à arriver.
prêt(e)
– Je suis prêt(e) à partir.

4 The infinitive is the only verb form which
can follow a preposition (except **en**,
which is followed by a present
participle: see page 124).

sans parler
avant de nous mettre en route
après avoir fini de travailler

Pronouns

Direct object pronouns

1 The direct object pronouns are:

me (m') me
te (t') you
le/la/l' him/her/it
se (s') himself/herself/itself
nous us
vous you
les them
se (s') themselves.

2 Like all pronouns, they are put before
the verb to which they relate:

Je l'achète. – *I'm buying it.*
Je vais l'acheter. – *I'm going to buy it.*
Je voudrais l'acheter. – *I'd like to buy it.*

3 In the past tense they are put before the
auxiliary verb:

Je l'ai acheté[1].
Nous les avons perdus[1].

4 Neither the question form nor the
negative affect the position of direct
object pronouns:

Est-ce que tu l'as acheté?
Tu l'as acheté?[1]
L'as-tu acheté?[1]
Je ne l'achète pas.
Je ne vais pas l'acheter.
Je ne l'ai pas acheté[1].

5 The exception to the rule about position
is that pronouns come *after* the verb
when an order is being given
(imperative). Note that they are joined
to the verb with a hyphen:

Achète-**le**! – *Buy it!*
Achetons-**le**! – *Let's buy it!*
Achetez-**le**! – *Buy it!*

---

[1] See page 120 for the agreement of the
past participle.

Notice that **me** and **te** change to **moi** and **toi** after orders:

Aide-**moi**!
Dépêche-**toi**!

6 In negative orders the pronoun stands in its usual position in front of the verb:

Ne l'achète pas! – *Don't buy it!*
Ne les perdez pas! – *Don't lose them!*

Indirect object pronouns

1 The indirect object pronouns ('to me', 'to you', etc.) are the same as the direct object pronouns with two exceptions:

me	to me	**nous**	to us
te	to you	**vous**	to you
lui	to him/to her	*leur*	to them

2 Like the direct object pronouns, they usually come *before* the verb:

Il m'a donné des renseignements.
– *He gave me some information.*
Je lui ai donné l'invitation.
– *I gave him/her the invitation.*

3 In positive commands, they come *after* the verb:

Offre-**lui** quelque chose!
– *Offer him/her something!*
Donnez-**leur** du café!
– *Give them some coffee!*

4 As with direct object pronouns, **me** and **te** change to **moi** and **toi** in positive commands:

Donne-**moi** un coup de main!
– *Give me a hand!*

5 Some verbs which require an indirect object (to show 'to/for whom something is done') are obvious from their English equivalents:

donner quelque chose à quelqu'un
– *to give something to someone*
montrer quelque chose à quelqu'un
– *to show something to someone*

offrir quelque chose à quelqu'un
– *to offer something to someone*
envoyer quelque chose à quelqu'un
– *to send something to someone*
dire quelque chose à quelqu'un
– *to say something to someone*
répondre à quelqu'un
– *to reply to someone*

Others are less obvious:

téléphoner à quelqu'un
– *to phone someone*
demander à quelqu'un
– *to ask someone*
promettre à quelqu'un
– *to promise someone*
e.g. Je **lui** ai téléphoné.
Je **leur** ai demandé de m'aider.
Je **lui** ai promis de

The pronoun 'y'

The most common meaning of **y** is *there*. Its position is the same as that of other pronouns:

J'**y** vais souvent.
I often go there.
Je n'**y** vais pas ce soir.
I'm not going there this evening.
J'**y** suis allé hier.
I went there yesterday.

The orders **vas-y! allez-y! allons-y!** apart from their literal meaning, can also mean 'get going!', '(go on,) do it!', 'let's get on with it!'

The pronoun 'en'

The most common meanings of **en** are *of it, of them, some, any*. Its position is the same as that of other pronouns:

J'**en** ai/Je n'**en** ai pas.
I've got some/I haven't got any.
En veux-tu? *Do you want some?*
Prends-**en**! *Take some!*

127

Order of pronouns

When both a direct and an indirect object pronoun are used with the same verb, the following rules apply:

1 Except in positive commands, the order is:

a 1st person before 3rd:
Il **me** l'a envoyé.

b 2nd person before 3rd:
Il **te** l'a donné, n'est-ce pas?

c Direct object before indirect object, when two 3rd persons are involved:
Il **le lui** a donné.

d 'Y' and 'en' come last and in that order:
Je **les y** ai cherchés.
Je **lui en** ai donné.
Il **y en** a vingt.

2 In positive commands, direct object pronouns always come before indirect object pronouns; **y** and **en** come last:

Donne-**le-moi**!   Donne-**m'en**!
Envoie-**le-lui**!   Installez-**les-y**!
Rends-**les-leur**!

Stressed pronouns

1 The stressed pronouns (also known as disjunctive or emphatic pronouns) are:

moi (je)   **nous** (nous)
toi (tu)   **vous** (vous)
lui (il)   **eux** (ils)
elle (elle)   **elles** (elles)
soi (on)

2 These special pronouns must be used in the following situations:

a When the pronoun stands on its own:
Qui a fait ça? **Moi**!
Qui va jouer maintenant? **Lui**!

b When the pronoun comes after **c'est** or **ce sont**:
Est-ce que c'est **toi**, Pierre?
Oui, c'est **moi**.
Ce sont **eux** qui sont arrivés ce matin.

c After prepositions:
Est-ce que c'est pour **moi**?
Il est arrivé après **eux**.

d For emphasis:
Moi, je m'ennuie ici!
Tu es fatigué, **toi**?

e When there are two subjects to the verb, one (or both) of which is a pronoun:
Mon père et **moi** sommes allés à la pêche. **Lui** et **moi** sommes de très bons copains.

f As the second part of a comparison, after **que**:
Il est beaucoup plus intelligent que **moi**.
Je parle français mieux que **lui**.

Relative pronouns

1 The relative pronouns **qui** and **que** mean *who, whom, which, that*.
They are both used to refer to people and things. When referring to people, they correspond to the English *who* and *whom*, although this distinction tends to be made only in more formal English.

2 **Qui** is the *subject* of the verb in the relative clause.
Que is the *direct object* of the verb in the relative clause.

L'homme **qui** travaille là-bas
– *The man who is working over there*
Qui/'*who*' is the subject of the verb 'is working'.

L'homme **que** tu vois là-bas
– *The man (whom) you see over there*
Que/('*whom*') is the direct object of the verb 'see' ('you' is the subject).

3 This distinction is not clear in English when things are being talked about, but the rule must be strictly applied in French:

La voiture **qui** est stationnée là-bas
– *The car which/that is parked there*

128

Qui/'which', 'that' is the subject of the verb 'is'.

La bicyclette **que** j'ai achetée
– *The bike which/that I have bought*
Que/'which', 'that' is the direct object of the verb 'have bought' ('I' is the subject).

4 Note that **que** cannot be left out as its English equivalent often is:

The man I saw . . .
– L'homme **que** j'ai vu . . .

Relative clauses involving a preposition

1 After a preposition ('*for* whom', '*under which*', '*from whom*', *etc.*) it is necessary to distinguish between people and things:

For people, use **qui**:

Le monsieur **à qui** il parlait

For things (and animals), use:
lequel (masc. sing.) **lesquels** (masc. pl.)
laquelle (fem. sing.) **lesquelles** (fem. pl.)

La chambre dans **laquelle** je couchais

2 Note that:
à + **lequel** becomes **auquel**
à + **lesquel(le)s** becomes **auxquel(le)s**
de + **lequel** becomes **duquel**
de + **lesquel(le)s** becomes **desquel(le)s**

3 Often **où** is used to replace **dans lequel, sur lequel**, *etc.*

La chambre dans laquelle je couchais
– La chambre **où** je couchais

Dont

Dont means *whose, of which*. It is used for persons, animals, and things:

Le voisin **dont** le fils a eu un accident . . .
Le chien **dont** j'ai trouvé la laisse . . .
La montagne **dont** tu vois le sommet . . .

Possessive pronouns
'My', 'your', 'his', etc.

1 *singular*	*plural*
le mien/la mienne	les miens/les miennes
le tien/la tienne	les tiens/les tiennes
le sien/la sienne	les siens/les siennes
le/la nôtre	les nôtres
le/la vôtre	les vôtres
le/la leur	les leurs

J'ai mon billet mais Pierre a perdu **le sien**.
Nous avons leurs bagages; ils ont pris **les nôtres!**
Sa collection de disques est plus grande que **la mienne**.

2 Note that, just as with the possessive adjective, the pronoun agrees with the object owned, and not the owner. In the above example, 'J'ai mon billet mais Pierre a perdu le sien', **le sien** agrees with **le billet** and has nothing to do with the fact that Pierre is a boy/man. If a case had been lost, for example, the sentence would have been:

J'ai ma valise mais Pierre a perdu **la sienne**.

3 Note also that with the verb **être**, **à** + a stressed pronoun is often used instead of the possessive pronoun:

A qui	est	ce . . .	?
	sont	cet . . .	
		cette . . .	
		ces . . .	

Il	est	à moi.
Elle	sont	à toi.
Ils		à lui.
Elles		à elle.
		à nous.
		à vous.
		à eux.
		à elles.

Regular verbs

Infinitive	Present	Imperative	Future
donner – to give	je donne tu donnes il donne nous donnons vous donnez ils donnent	donne! donnons! donnez!	je donnerai tu donneras il donnera nous donnerons vous donnerez ils donneront
se cacher – to hide	je me cache tu te caches il se cache nous nous cachons vous vous cachez ils se cachent	cache-toi! cachons-nous! cachez-vous!	je me cacherai tu te cacheras il se cachera nous nous cacherons vous vous cacherez ils se cacheront
attendre – to wait	j'attends tu attends il attend nous attendons vous attendez ils attendent	attends! attendons! attendez!	j'attendrai tu attendras il attendra nous attendrons vous attendrez ils attendront
choisir – to choose	je choisis tu choisis il choisit nous choisissons vous choisissez ils choisissent	choisis! choisissons! choisissez!	je choisirai tu choisiras ill choisira nous choisirons vous choisirez ils choisiront

-er verbs with spelling changes

1 Verbs ending in **e . . er**, which change the **e** to **è** when the following syllable is mute, e.g. acheter, chanceler, élever, lever, mener, peser, se promener, soulever.

Present		Future
j'achète	nous achetons	j'achèterai
tu achètes	vous achetez	
il achète	ils achètent	

2 Verbs ending in **é . . er**, which change the **é** to **è** before mute endings, e.g. espérer, s'inquiéter, posséder, préférer, refléter.

Present	
j'espère	nous espérons
tu espères	vous espérez
il espère	ils espèrent

3 Verbs which double the final consonant when the following syllable is mute, e.g. appeler, étiqueter, jeter, se rappeler.

Present		Future
j'appelle	nous appelons	j'appellerai
tu appelles	vous appelez	
il appelle	ils appellent	

4 Verbs ending in **-yer**, which change the **y** to **i** when the following syllable is mute, e.g. appuyer, ennuyer, essayer, nettoyer, payer.

Present		Future
j'appuie	nous appuyons	j'appuierai
tu appuies	vous appuyez	
il appuie	ils appuient	

Perfect	Imperfect	Past historic
j'ai donné	je donnais	je donnai
tu as donné	tu donnais	tu donnas
il a donné	il donnait	il donna
nous avons donné	nous donnions	nous donnâmes
vous avez donné	vous donniez	vous donnâtes
ils ont donné	ils donnaient	ils donnèrent

Perfect	Imperfect	Past historic
je me suis caché(e)	je me cachais	je me cachai
tu t'es caché(e)	tu te cachais	tu te cachas
il s'est caché	il se cachait	il se cacha
elle s'est cachée	nous nous cachions	nous nous cachâmes
nous nous sommes caché(e)s	vous vous cachiez	vous vous cachâtes
vous vous êtes caché(e)(s)	ils se cachaient	ils se cachèrent
ils se sont cachés		
elles se sont cachées		

Perfect	Imperfect	Past historic
j'ai attendu	j'attendais	j'attendis
tu as attendu	tu attendais	tu attendis
il a attendu	il attendait	il attendit
nous avons attendu	now attendions	nous attendîmes
vous avez attendu	vous attendiez	vous attendîtes
ils ont attendu	ils attendaient	ils attendirent

Perfect	Imperfect	Past historic
j'ai choisi	je choisissais	je choisis
tu as choisi	tu choisissais	tu choisis
il a choisi	il choisissait	il choisit
nous avons choisi	nous choisissions	nous choisîmes
vous avez choisi	vous choisissiez	vous choisîtes
ils ont choisi	ils choisissaient	ils choisirent

5 Verbs ending in **-ger**, where the **g** is followed by **e** before **o** or **a**, to keep the sound soft, e.g. bouger, changer, échanger, manger, nager, partager, ranger.

Present		Imperfect	Past historic
je bouge	nous bougeons	je bougeais	je bougeai
tu bouges	vous bougez		
il bouge	ils bougent		

6 Verbs ending in **-cer**, where the **c** changes to **ç** before **o** or **a**, to keep the sound soft, e.g. commencer, grincer, lancer, sucer.

Present		Imperfect	Past historic
je commence	nous commençons	je commençais	je commençai
tu commences	vous commencez		
il commence	ils commencent		

Irregular verbs

Infinitive	Present		Perfect	Future	Past historic
accueillir – to welcome	j'accueille tu accueilles il accueille	nous accueillons vous accueillez ils accueillent	j'ai accueilli	j'accueillerai	j'accueillis
aller – to go	je vais tu vas il va	nous allons vous allez ils vont	je suis allé(e)	j'irai	j'allai

apprendre – to learn: see 'prendre'

Infinitive	Present		Perfect	Future	Past historic
s'asseoir – to sit down	je m'assieds/assois tu t'assieds/assois il s'assied/assoit nous nous asseyons/assoyons vous vous asseyez/assoyez ils s'asseyent/assoient		je me suis assis(e)	je m'assiérai je m'assoirai	je m'assis
avoir – to have	j'ai tu as il a	nous avons vous avez ils ont	j'ai eu	j'aurai	j'eus tu eus il eut nous eûmes vous eûtes ils eurent
battre – to beat	je bats tu bats il bat	nous battons vous battez ils battent	j'ai battu	je battrai	je battis
boire – to drink	je bois tu bois il boit	nous buvons vous buvez ils boivent	j'ai bu	je boirai	je bus
bouillir – to boil	je bous tu bous il bout	nous bouillons vous bouillez ils bouillent	j'ai bouilli	je bouillirai	je bouillis

comprendre – to understand: see 'prendre'

Infinitive	Present		Perfect	Future	Past historic
conduire – to drive	je conduis tu conduis il conduit	nous conduisons vous conduisez ils conduisent	j'ai conduit	je conduirai	je conduisis
connaître – to know	je connais tu connais il connaît	nous connaissons vous connaissez ils connaissent	j'ai connu	je connaîtrai	je connus

construire – to build, construct: see 'conduire'

convaincre – to convince: see 'vaincre'

convenir – to be suitable: see 'venir'

coudre – to sew	je couds tu couds il coud	nous cousons vous cousez ils cousent	j'ai cousu	je coudrai	je cousis
courir – to run	je cours tu cours il court	nous courons vous courez ils courent	j'ai couru	je courrai	je courus

couvrir – to cover: see 'ouvrir'

croire – to believe	je crois tu crois il croit	nous croyons vous croyez ils croient	j'ai cru	je croirai	je crus

cuire – to cook: see 'conduire'

découvrir – to discover: see 'ouvrir'

décrire – to describe: see 'écrire'

desservir – to serve: see 'partir'

Infinitive	Present		Perfect	Future	Past historic
devenir – to become: see 'venir'					
devoir – to have to, must	je dois tu dois il doit	nous devons vous devez ils doivent	j'ai dû	je devrai	je dus
dire – to say, tell	je dis tu dis il dit	nous disons vous dites ils disent	j'ai dit	je dirai	je dis
dormir – to sleep	je dors tu dors il dort	nous dormons vous dormez ils dorment	j'ai dormi	je dormirai	je dormis
écrire – to write	j'écris tu écris il écrit	nous écrivons vous écrivez ils écrivent	j'ai écrit	j'écrirai	j'écrivis
emmener – to take (away): see 'mener'					
s'endormir – to fall asleep: see 'dormir'					
envoyer – to send	j'envoie tu envoies il envoie	nous envoyons vous envoyez ils envoient	j'ai envoyé	j'enverrai	j'envoyai
éteindre – put out, switch off: see 'peindre'					

être
– to be
	je suis
	tu es
	il est
		nous sommes
		vous êtes
		ils sont
			j'ai été
			Imperfect:
			  j'étais
			Imperative:
			  sois!
			  soyons!
			  soyez!
				je serai	je fus

faire – to make, do	je fais tu fais il fait	nous faisons vous faites ils font	j'ai fait	je ferai	je fis

134

Infinitive	Present		Perfect	Future	Past historic
falloir – must, to be necessary	il faut		il a fallu	il faudra	il fallut
joindre – to join, contact; enclose: see 'peindre'					
lire – to read	je lis nous lisons tu lis vous lisez il lit ils lisent		j'ai lu	je lirai	je lus
mettre – to put	je mets nous mettons tu mets vous mettez il met ils mettent		j'ai mis	je mettrai	je mis
mourir – to die	je meurs nous mourons tu meurs vous mourez il meurt ils meurent		il est mort	je mourrai	il mourut
naître – to be born	*Present*: see 'connaître'		je suis né(e)	Il naîtra	je naquis
offrir – to offer; see 'ouvrir'					
ouvrir – to open	j'ouvre nous ouvrons tu ouvres vous ouvrez il ouvre ils ouvrent		j'ai ouvert	j'ouvrirai	j'ouvris
paraître – to appear: see 'connaître'					
partir – to leave	je pars nous partons tu pars vous partez il part ils partent		je suis parti(e)	je partirai	je partis
peindre – to paint	je peins nous peignons tu peins vous peignez il peint ils peignent		j'ai peint	je peindrai	je peignis
plaindre – to pity: see 'peindre'					

Infinitive	Present		Perfect	Future	Past historic
plaire – to please	je plais tu plais il plaît	nous plaisons vous plaisez ils plaisent	j'ai plu	je plairai	je plus
pleuvoir – to rain	il pleut		il a plu *Imperfect*: il pleuvait	il pleuvra	il plut

poursuivre – to pursue: see 'suivre'

pouvoir – can, to be able	je peux, puis-je? tu peux il peut	nous pouvons vous pouvez ils peuvent	j'ai pu	je pourrai	je pus
prendre – to take	je prends tu prends il prend	nous prenons vous prenez ils prennent	j'ai pris	je prendrai	je pris

produire – to produce: see 'conduire'

recevoir – to receive	je reçois tu reçois il reçoit	nous recevons vous recevez ils reçoivent	j'ai reçu	je recevrai	je reçus

reconnaître – to recognize: see 'connaître'

rejoindre – to join: see 'joindre'

revenir – to return: see 'venir'

rire – to laugh	je ris tu ris il rit	nous rions vous riez ils rient	j'ai ri	je rirai	je ris
savoir – to know	je sais tu sais il sait	nous savons vous savez ils savent	j'ai su	je saurai	je sus

Infinitive	Present		Perfect	Future	Past historic
sentir – to smell; feel: see 'partir'					
servir – to serve: see 'partir'					
sortir – to go out: see 'partir'					
sourire – to smile: see 'rire'					
suivre – to follow	je suis tu suis il suit	nous suivons vous suivez ils suivent	j'ai suivi	je suivrai	je suivis
tenir – to hold: see 'venir'					
traduire – to translate: see 'conduire'					
vaincre – to conquer, defeat	je vaincs tu vaincs il vainc	nous vainquons vous vainquez ils vainquent	j'ai vaincu	je vaincrai	je vainquis
venir – to come	je viens tu viens il vient	nous venons vous venez ils viennent	je suis venu(e)	je viendrai	je vins tu vins il vint nous vînmes vous vîntes ils vinrent
vivre – to live	je vis tu vis il vit	nous vivons vous vivez ils vivent	j'ai vécu	je vivrai	je vécus
voir – to see	je vois tu vois il voit	nous voyons vous voyez ils voient	j'ai vu	je verrai	je vis
vouloir – to wish, want	je veux tu veux il veut	nous voulons vous voulez ils veulent	j'ai voulu	je voudrai	je voulus

Useful lists

Cardinal numbers

1	un, une	30	trente
2	deux	31	trente et un
3	trois	32	trente-deux, etc.
4	quatre	40	quarante
5	cinq	41	quarante et un
6	six	42	quarante-deux
7	sept	50	cinquante
8	huit	51	cinquante et un
9	neuf	52	cinquante-deux, etc.
10	dix	60	soixante
11	onze	61	soixante et un
12	douze	62	soixante-deux, etc.
13	treize	70	soixante-dix
14	quatorze	71	soixante et onze
15	quinze	80	quatre-vingts
16	seize	81	quatre-vingt-un
17	dix-sept	82	quatre-vingt-deux, etc.
18	dix-huit	90	quatre-vingt-dix
19	dix-neuf	91	quatre-vingt-onze
20	vingt	92	quatre-vingt-douze, etc.
21	vingt et un	100	cent
22	vingt-deux	101	cent un
	etc. . . .	102	cent deux
		200	deux cents
		550	cinq cent cinquante
		1000	mille
		3000	trois mille
		1.000.000	un million

Ordinal numbers

premier/première
deuxième
troisième
quatrième
cinquième
sixième
septième
huitième
neuvième
dixième
onzième
douzième
vingtième
vingt et unième, *etc.*

Months of the year

janvier	avril	juillet	octobre
février	mai	août	novembre
mars	juin	septembre	décembre

Mon anniversaire est en janvier.
Quelle est la date aujourd'hui?
C'est aujourd'hui le | premier | janvier
                     | deux | mars, *etc.*
                     | trois, *etc.* |
Quand est-ce que vous partez en vacances?
– On part le trois juin.

Days of the week

Quel jour | sommes-nous | aujourd'hui?
          | est-on |

Nous sommes | lundi | vendredi
On est | mardi | samedi
         | mercredi | dimanche
         | jeudi |

Quand est-ce que tu pars en vacances?
– Je pars vendredi.
Quand est-ce que tu vas au foyer d'habitude?
– J'y vais d'habitude le samedi.

138

French – English vocabulary

This vocabulary contains all but the most common words which appear in the book. Where a word has several meanings, only those meanings which occur in the book are given. Verbs marked* involve spelling changes; those marked ** are irregular. Check these in the verb tables.

F. = familiar, slang word or expression.

abondamment, badly (of bleeding)
d' abord, at first, first of all
d' accord, agreed; être d'accord, to be agreed, in agreement
accompagner, to accompany
accourir, to come running (up)
achats: faire des achats, to do some shopping
acheter*, to buy
achever*, to complete, finish (off)
les actualités (fpl), (T.V. or radio) news
actuellement, at present, currently
l' addition (f), bill (in restaurant, etc.)
s' adresser à, to enquire (of), go up to (and ask), apply to
l' affaire (f), matter, business; c'est une affaire, it's a bargain; un homme d'affaires, a business man
âgé, old; plus âgé que, older than
un agent de police, policeman
agréable, pleasant, nice
agréer, accept
l' aide (f), help; à l'aide de, with the help, aid of
aider, to help, assist
aie! have!; n'aie pas peur, don't be afraid!
ailleurs, elsewhere, somewhere else
aimable, kind
aîné, elder
air: avoir l'air, to look, appear; au grand air, in the open air
une allée, path, drive
l' Allemagne (f), Germany

allemand, German; l'allemand, (the) German (language); un(e) Allemand(e), German person
aller**, to go
allongé, stretched out, lying
allumer, to light
des allumettes (fpl), matches
allure: à toute allure, at high speed
alors, then, well then; at that time
amateur, lover, devotee, fan
une amende, fine
amener*, to bring
l' amitié (f), friendship
l' amour (m), love
s' amuser, to have a good time, enjoy oneself
un an, year
anglais, English; l'anglais, (the) England (language), un(e) Anglais(e), English person
l' Angleterre (f), England
une année, year
l' anniversaire (m), birthday
annonce: une petite annonce, small ad(vertisement)
un appareil(-photo), camera
un appartement, flat
appartenir** à, to belong to
appeler*, to call; s'appeler*, to be called
apporter, to bring
apprendre**, to learn, teach
après, after
l' après-midi (m), afternoon
un arbre, tree
un arbuste, small shrub, bush
l' argent (m), silver; money; argent de poche, pocket money
un arrêt d'autobus, bus stop

139

arrêter*, to stop; arrest; s'arrêter,
to stop

l' arrière (m), rear, back

arriver, to arrive; happen

s' asseoir**, to sit down

assez, enough

assis, seated, sitting

un atelier, workshop

attendre, to wait

attente: une salle d'attente,
waiting room

attention: faire attention, to take
care, be careful, pay attention

attirer, to attract

attraper, to catch

aujourd'hui, today

aussi, also, too; aussi ... que, as
... as

autant (que), as much (as)

un autobus, bus

l' auto-stop (m), hitch-hiking

autour de, around

autre, other

autrement, otherwise, in another
way

avancer, to move forward

avant (de), before

l' avenir (m), future

aveugle, blind

un avion, aeroplane

ayant, having

une bagnole, F. car

une bague, ring; une bague de
fiançailles, engagement ring

se baigner, to bathe, go swimming

un bain, bath; un bain de soleil,
sunbathing; la salle de bains,
bathroom

un baiser, kiss

baisser, to lower, wind down,
open (car window)

le balcon, balcony

un banc, bench

une bande, gang

bander, to bandage

la banlieue, suburbs, outskirts

une banquette, seat

une barbe, beard

bas, basse, low; parler bas, to
speak quietly, softly; en bas,
below, downstairs

basculer, to tip, topple over

des baskets (mpl), basketball boots

un bateau, boat

un bâtiment, building

bavarder, to chat(ter)

beau, belle, beautiful, handsome,
fine, lovely; il fait beau, the
weather's fine; avoir beau ...,
to ... in vain

beaucoup, much, a lot; beaucoup
de, much, a lot of, many

bêcher, to dig

bée: bouche bée, open-mouthed
(with astonishment)

besoin: avoir besoin de, to need

une bête, animal

bête, stupid

une bêtise, stupid act, remark, piece
of stupidity

une bibliothèque, library

bien, well; c'est bien fait pour ...,
it serves ... right

bientôt, soon

un bijou (pl: bijoux) jewel

une bijouterie, jeweller's shop

un bijoutier, jeweller

un billet, ticket

bizarre, strange, odd, queer,
peculiar

blanc, blanche, white

blesser, to hurt, injure; se blesser,
to hurt, injure oneself

une blessure, injury; wound

un blouson, jacket

boire**, to drink

bon, bonne, good; pour de bon,
for good, ever; bon marché,
cheap; de bonne heure, early

le bois, wood

une boisson, drink

une boîte, box; tin, can

au **bord de**, at, on the edge of, by the side of; **au bord de la mer**, at the sea-side

des **bottes** (fpl), boots

un **boucher**, butcher

une **boucherie**, butcher's shop

la **boue**, mud

bouger, to move

un **boulanger**, baker

une **boulangerie**, baker's shop

bouleverser, to distress, overwhelm

les **boules** (fpl), bowls (game); **une partie de boules**, a game of bowls

un **boulot**, job, work

une **boum**, party

au **bout de**, at the end of; after

le **bras**, arm

la **Bretagne**, Britanny

le **bricolage**, do-it-yourself jobs

un **briquet**, (cigarette) lighter

(se) **briser**, to break, smash

britannique, British

le **brouillard**, fog

le **bruit**, noise

brûler, to burn

le **buffet**, sideboard

un **bureau**, office; **bureau de poste**, post office

un **but**, goal

ça, that; **ça va?** how are things? how are you? **ça y est!** that's it!

une **cabine (téléphonique)**, phone box

un **cadeau**, present

un **cahier**, exercise book

un **caillou** (pl: **cailloux**), pebble

la **caisse**, cash-desk, check-out

une **caissière**, cashier

un **cambrioleur**, burglar

un **camion**, lorry, truck

la **campagne**, country(side)

un **camping**, campsite

une **canne à pêche**, fishing rod

car, for, because

un **car**, bus, coach

une **carafe**, decanter, carafe (glass container for water, wine)

un **carnet de chèques**, cheque book

un **carreau** (pl: **carreaux**), pane (of glass)

un **carrefour**, crossroads

une **carte**, card, map; **la carte, s.v.p.**, may I have the menu, please?

cas; dans ce cas, in that case

un **casier**, pigeon-hole (for letters, etc.)

une **casquette**, cap

(se) **casser**, to break; **se casser le bras**, to break one's arm

à **cause de**, because of

causer, to cause; to chat(ter)

une **ceinture**, belt

un **célibataire**, batchelor

celui, celle, ceux, celles, the one(s)

un **C.E.S.**, secondary school (**Collège d'enseignement secondaire**)

chacun, each, everyone, everybody

une **chaîne**, chain; (T.V.) channel

la **chaleur**, heat

chaque, each, every

une **chambre (à coucher)**, bedroom; **une femme de chambre**, chamber maid

un **champ**, field

un **champignon**, mushroom

la **chance**, luck, good fortune; **avoir de la chance**, to be lucky, fortunate

chanter, to sing

un **chanteur** (f: **une chanteuse**), singer

un **chapitre**, chapter

se **charger* de**, to see to, take care of, deal with

chaud, hot; **il fait chaud**, the weather is hot; **j'ai chaud**, I'm hot

un **chauffeur**, driver

des **chaussettes** (fpl), socks

des **chaussures** (fpl), shoes

un **château** (pl: **châteaux**), castle

chauve, bald

un **chef**, boss; **chef de gare**, station master

un **chemin**, path, road; **chemin de fer**, railway

une **chemise**, shirt

cher, **chère**, dear; expensive

chercher, to search, look for

un **cheval** (pl: **chevaux**), horse

chevet: une table de chevet, bedside table

un **cheveu** (pl: **cheveux**), hair; **se faire couper les cheveux**, to get one's hair cut; **tu n'as pas changé d'un cheveu**, you haven't changed a bit

chez, at . . .'s house, place; at the . . .'s shop

la **chimie**, chemistry

choisir, to choose

le **choix**, choice

une **chose**, thing

chouette! great! fantastic!

des **chuchotements** (m pl), whispering

une **chute**, fall

ci-joint, enclosed (with letter)

un **cimetière**, cemetery

la **circulation**, traffic

un **cirque** circus

une **clé** (or **clef**), key

un(e) **client(e)**, customer

un **clou**, nail

un **cobaye**, hamster

un **cochon d'Inde**, guinea-pig

le **cœur**, heart; **avoir mal au cœur**, to feel sick

le **coffre**, chest; (car) boot

se **cogner**, to bump, bang oneself

coiffé: mal coiffé, dishevelled, with one's hair in a mess

un **coiffeur** (f: **une coiffeuse**) hairdresser

un **coin**, corner

colère: être en colère, to be in a temper, bad mood

coller, to stick

un **collier**, necklace

une **colonie de vacances**, holiday camp, scheme (for children)

combien de? how much, many? **tous les combien?** how often?

commander, to order (in restaurant, etc.)

comme, like, as

comment, how; **comment est . . .?** what is . . . like?

commettre**, to commit (a crime, etc.)

composer, to dial (a number on phone)

compris, included

compte: se rendre compte de, to realize

compter, to count; to have it in mind to, expect to

le **comptoir**, counter

concerne: en ce qui concerne, as far as . . . is concerned

un(e) **concierge**, caretaker

un **conducteur** (f: **une conductrice**), driver

conduire**, to drive; **se conduire****, to behave

la **confiture**, jam

connaissance: faire la connaissance de, to meet, get to know

connaître**, to know, be acquainted with

connu, well known

conseiller, to advise

conséquent: par conséquent, as a result

conserve: une boîte de conserve, tin, can (of food)

la **consigne**, left-luggage office

contourner, to walk, drive round

contre, against

un **contrôleur**, (ticket) inspector, conductor

convenir**, to be suitable

un **copain** (f: **une copine**), pal, friend

la **corde**, rope
corriger*, to correct
la **côte**, coast
à **côté de**, beside, next to
couchage: un sac de couchage, sleeping-bag
coucher, to sleep; **se coucher**, to go to bed
un **couloir**, corridor
coup: un coup de fil, a phone call; **un coup de main**, a helping hand; **un coup d'épaule**, barging (with one's shoulder); **boire un coup**, to have a drink
(se) **couper**, to cut (oneself); **se faire couper les cheveux**, to get one's hair cut
la **cour**, courtyard; playground
couramment, fluently
courbé, bent over
courir**, to run
le **courrier**, post, mail
un **cours**, lesson; **les cours du soir**, evening classes
une **course**, race
les **courses** (fpl), shopping
court, short
un **couteau** (pl: **couteaux**), knife
coûter, to cost
la **couture**, sewing, dressmaking
couvert: mettre le couvert, to lay the table
une **couverture**, blanket
une **cravate**, tie
crevé, punctured, flat (tyre)
une **crevette**, prawn
croire**, to believe
croiser, to pass, meet
les **crudités** (fpl), salads
cueillir**, to pick, gather
le **cuir**, leather
cuire**, faire cuire**, to cook
la **cuisine**, kitchen; cooking

une **dame**, lady
davantage, more
au **début de**, at the beginning of

une **déception**, disappointment
décoller, to take off (aeroplane)
découvrir**, to discover
décrocher, to lift, take off (telephone receiver)
déçu, disappointed
(là-) **dedans**, in it, inside
défaire**, to unpack (case)
défense de, forbidden, prohibited
dégager*, to free, release
se **déguiser**, to disguise oneself
dehors, outside
déjà, already
le **déjeuner**, lunch; **le petit déjeuner**, breakfast
demain, tomorrow
demander, to ask; **se demander**, to wonder
démarrer, to start up (engine); to move off, pull away (vehicle)
déménager*, to move house
demeurer, to live, dwell
une **dent**, tooth
se **dépêcher**, to hurry
dépenser, to spend (money)
déplaisant, unpleasant, disagreeable
un **dépliant**, leaflet
déposer, to set down; drop off (passenger)
depuis, since; for; from
déranger*, to trouble, bother, disturb
dernier, dernière, last
derrière, behind
descendre, to go down; to get out of (vehicle); to get off (horse)
désespéré, desperate
se **déshabiller**, to undress
désolé, sorry
le **dessin**, drawing; **dessin industriel**, technical drawing
(au-) **dessous (de)**, under(neath)
(au-) **dessus (de)**, above
détruit, destroyed
deuxième, second

devant, in front (of)
devenir**, to become
devoir**, to have to, be obliged to, must
un devoir, a piece of homework; les devoirs, homework
dicter, to dictate
Dieu, God
dire**, to say
un directeur d'école, headmaster
se diriger* (vers), to make one's way (towards)
discuter, to discuss
disparaître**, to disappear
se disputer, to quarrel, squabble
un disque, record
distrait, forgetful, absent-minded
un distributeur, vending machine
une dizaine, about ten, ten or so
un doigt, finger
dommage: quel dommage! what a shame!
donc, therefore, so; so, then
donner, to give; donner sur, to overlook
dont, whose, of which
dormir**, to sleep
le dos, back
doucement, softly, gently
une douche, shower
la douleur, pain
doux, douce, soft, mild, gentle
dresser, to erect, put up (tent)
droit: tout droit, straight ahead
à droite, on the right, to the right
drôle, funny, amusing; peculiar
dû – past participle of devoir
dur, hard
durer, to last

l' eau (f), water
un échange, exchange
s' échapper, to escape
échouer, to fail (examination)
éclater, to burst; éclater de rire, to burst out laughing
une école, school

économiser, to save (money)
écossais, Scottish; un(e) Ecossais(e), Scot
l' Ecosse (f), Scotland
écouter, to listen (to)
écraser, to crush; run over
s' écrier, to exclaim
écrire**, to write
un écrivain, writer, author
également, equally, also, as well
une église, church
égoïste, selfish, self-centred
emballer, to wrap (up), pack (up)
un embouteillage, traffic jam
emmener*, to take (with one); emmener en promenade, to take for a walk
un emplacement, site
un emploi, job
emporter, to take away; à emporter, take-away (meals)
une empreinte, print, impression
emprunter, to borrow
en, in; some; of it, of them; from it, from them
encaisser, to cash (cheque, etc.)
encore, more; still; pas encore, not yet; encore une fois, once again
s' endormir, to fall asleep
un endroit, place
(s') enfermer, to shut (oneself) away
enlever*, to remove, take off
s' ennuyer*, to be bored
ennuyeux, boring, annoying
enregistrer, to record
ensemble, together
ensuite, then, next, after that
entendre, to hear
entendu, agreed; bien entendu, of course
s' entraîner, to train
un entraîneur, trainer
entre, between
enveloppé, wrapped up
envie: avoir envie de, to fancy, feel like, want to

environ, about, roughly,
   approximately

s' envoler, to fly away

envoyer*, to send

une épaule, shoulder

une épicerie, grocer's shop

un épicier, grocer

une éponge, sponge

une époque, time, period

une épreuve, test

une équipe, team

l' équitation (f), horse-riding

un escalier, staircase, flight of stairs

l' Espagne (f), Spain

espagnol, Spanish; l'espagnol,
   (the) Spanish (language); un(e)
   Espagnol(e), Spaniard

espérer*, to hope

l' espionnage (m), spying

espionner, to spy on, watch

l' essence (f), petrol

un étage, storey, floor

éteindre**, to put out, extinguish

étendu, lying, stretched out

étonné, surprised, astonished

s' étonner, to be surprised,
   astonished

étouffé, choked, suffocated,
   stifled

étrange, strange, odd

l' étranger (m), abroad; un étranger
   (f: une étrangère), stranger,
   foreigner

étroit, narrow

les études (fpl), studies

un(e) étudiant(e), student

étudier, to study

évidemment, obviously

éviter, to avoid

s' excuser, to apologize

expliquer, to explain

une exposition, exhibition

exprès, deliberately, on purpose

une fabrique, factory

fabriquer, to manufacture

en face de, opposite

fâché, angry

se fâcher, to get angry

façon: de cette façon, in this way;
   de toute façon, anyway

un facteur, postman

faible, weak

faim: avoir faim, to be hungry

faire**, to make, do

fait: c'est bien fait pour . . . , it
   serves . . . right

une falaise, cliff

falloir**, to be necessary

fatigué, tired

il faut, it is necessary; il me faut, I
   need

un fauteuil, armchair

félicitations! congratulations!

féliciter, to congratulate

une femme, woman, wife, femme de
   chambre, chamber maid

un fermier (f: une fermière), farmer

une fête, feast; holiday; celebration;
   festival; name day

un feu, fire; light (for cigarette, etc.);
   les feux, traffic lights

une feuille, leaf; sheet (of paper)

un feuilleton, serial

fiançailles: une bague de
   fiançailles, engagement ring

fier, fière, proud

la fièvre, fever, high temperature

fil: un coup de fil, phone call

un filet, net; string bag

la fin, end

les fléchettes (fpl), darts

une foire, fair, funfair

une fois, time, occasion; encore une
   fois, once again, a second time

le fond, back(ground), bottom,
   depths

fondre, to melt; fondre en larmes,
   to burst into tears

le footing, jogging

les forces (fpl), strength

formidable! great! fantastic!

fort, strong; good (at a subject);
   crier fort, to shout loudly

un **fossé**, ditch
fou, folle, mad
une **foule**, crowd
un **four**, oven
fourcher, to fork
fourrer, to stuff
fourrure: un manteau de fourrure,
fur coat
le **foyer des jeunes**, youth club
frais, fraîche, fresh; **il fait frais**, it's
chilly, a bit cold
français, French; **le français**, (the)
French (language); **une(e)**
Français(e), French person
frapper, to hit, strike
freiner, to brake
des **frites** (fpl), (potato) chips
la **fumée**, smoke
fumer, to smoke

une **gaffe**, mistake, blunder
gagner, to win; earn (money)
Galles: le pays de Galles, Wales
un **garçon**, boy; waiter
garder, to keep; look after
une **gare**, station
gare à . . .! watch out for . . .!
garer, to garage, put away (car)
les **gars** (mpl), guys, lads, chaps
à **gauche**, on the left, to the left
géant, giant, huge
gênant, annoying; embarrassing
un **genou** (pl: **genoux**), knee
un **genre**, kind, type, sort
les **gens** (mpl, sometimes fpl),
people, folk
gentil, gentille, nice, kind
un **gérant**, manager
une **glace**, ice cream; window (of car)
gourmand, greedy
un **goût**, taste
le **goûter**, tea (meal)
gratuit, free (of charge)
grave, serious
grièvement, seriously, badly
(hurt)
une **grille**, (metal) gate

la **grippe**, flu, influenza
gris, grey
gros, grosse, fat; large, big
une **guerre**, war; **de bonne guerre**, fair

s' **habiller**, to get dressed
un **habitant**, inhabitant
habiter, to live
d' **habitude**, usually
habituel, habituelle, usual
le †**hasard**, luck, chance; **par**
hasard, by chance
†**haut**, high
un †**héros**, hero
une **heure**, hour; **quelle heure est-il?**
what's the time?
heureusement, fortunately, luckily
heureux, heureuse, happy; lucky,
fortunate
hier, yesterday
une **histoire**, story; **l'histoire**, history
la †**honte: avoir honte**, to be
ashamed
†**hors de**, out of
un **hôte**, guest; **hôte payant**, paying
guest
une **hôtesse de l'air**, air hostess
l' **huile** (f), oil
une †**huitaine de jours**, a week or so,
roughly a week
une **humeur**, mood; **de bonne**,
mauvaise humeur, in a good,
bad mood

l' **immatriculation** (f), (car)
registration
un **immeuble**, block of flats
immobilier: une agence
immobilière, estate agent's
un **imperméable**, raincoat,
mackintosh
n' **importe**, any . . . you like, any . . .
at all
impressionner, to impress
imprimer, to print
inattendu, unexpected

† indicates aspirated 'h'

146

un **incendie**, fire
inconnu, unknown
incroyable, incredible
les **indications** (fpl), instructions
indiqué, sign-posted, displayed
indulgent, lenient, soft
infernal, dreadful, awful
infiniment: remercier infiniment, to thank a thousand times
un **infirmier** (f: **une infirmière**), nurse
un **ingénieur**, engineer
inquiet, inquiète, anxious, worried
s' **inquiéter**, to get worried
interdit, forbidden
introduire, to insert

ne ... **jamais**, never, not ever
une **jambe**, leg; **à toutes jambes**, at full speed
japonais, Japanese
un **jardin**, garden; **jardin public**, park
le **jardinage**, gardening
jeter*, to throw
un **jeton**, token (for telephone, slot machine, etc.)
jeune, young
la **joie**, joy; **un feu de joie**, bonfire
joindre**, to join; enclose
ci- **joint**, enclosed
joli, pretty, attractive
jouer, to play
un **joueur** (f: **une joueuse**), player
un **jouet**, toy
un **journal** (pl: **journaux**), newspaper
journalier, journalière, daily
une **jupe**, skirt
jusqu'à, as far as, up to; until

là, there; **là-bas**, over there
lâcher, to release, let go (of)
la **laine**, wool
la **laisse**, lead, leash (for dog)
laisser, to leave; **laisser tomber**, to drop
le **lait**, milk
la **langue**, tongue; **une langue étrangère**, foreign language

un **lapin**, rabbit
large, wide
une **larme**, tear; **fondre en larmes**, to burst into tears
(se) **laver**, to wash
la **lecture**, reading
les **légumes** (mpl), vegetables
le **lendemain**, the day after, the following day
lent(ement), slow(ly)
lequel, laquelle, lesquel(le)s, which; who, whom
la **lessive**, washing
leur(s), their
se **lever***, to get up, stand up
un(e) **libraire**, bookseller
une **librairie**, book shop
libre, free, unoccupied
une **licence**, (university) degree
le **lieu**, place; **lieu de travail**, place of work; **les lieux du crime**, the scene of the crime; **au lieu de**, instead of
le **linge**, linen
liquide: l'argent liquide, cash
un **livre**, book
une **livre**, pound (£ or lb)
livrer, to deliver
un **livreur** (f: **une livreuse**), delivery boy, man, girl, woman
une **loge**, (caretaker's) lodge, office
loin (de), far (from)
les **loisirs** (mpl), leisure; leisure activities
long, longue, long; **le long de**, along, the length of
longtemps, (for) a long time
lorsque, when
louer, to hire
lourd, heavy
les **lunettes** (fpl), glasses, spectacles
une **lutte**, struggle, fight
un **lycée**, school (equivalent to English Grammar-cum-6th Form College)
un **lycéen** (f: **lycéenne**), pupil of a lycée

une **machine à écrire**, typewriter
un **magnétophone**, tape recorder
un **maillot**, vest, singlet; **maillot de bain**, swimsuit, bathing trunks
une **main**, hand; **un coup de main**, helping hand
maintenant, now
une **mairie**, town hall
un **maître**, master
une **maîtresse**, mistress
mal, badly; **(se) faire mal**, to hurt (oneself); **avoir mal**, to have a pain
malade, ill, sick
la **malchance**, bad luck, misfortune
un **malfaiteur**, criminal, thief, burglar
malgré, in spite of
malheureusement, unfortunately
la **Manche**, (English) Channel
un **mandat**, postal order
manquer, to miss, be missing; fail
un **manteau**, coat
une **maquette**, model
les **marchandises** (fpl) goods
marche: mettre en marche, to start up
un **marché**, market; **bon marché**, cheap
marcher, to walk; to work, run, function; **marcher sur, dans**, to step on, in
les **marches** (fpl), steps
un **mari**, husband
marqué, marked, written up
marquer, mark; write down; score (point, goal, etc.)
marre: en avoir marre, to be fed up with
la **maternelle, l'école maternelle**, (state) nursery school
une **matière**, subject
un **matin**, morning
mauvais, bad; **il fait mauvais**, the weather is bad
un **médecin**, doctor
meilleur, better; **le, la, les meilleur(e)(s)**, best

même, same; **la même chose**, the same (thing); **quand même, tout de même**, just the same
menacer*, to threaten
le **ménage**, housework; **la femme de ménage**, cleaning lady
mener*, to lead
mentir**, to lie
la **mer**, sea
mercredi, Wednesday
mériter, to deserve
un **métier**, job, trade, profession
mettre**, to put; **se mettre en route**, to set off; **se mettre à**, to start, set to
mignon, mignonne, cute, sweet
le **milieu**, middle
mille, thousand
minuit, midnight
mieux, better; **le mieux**, best
moins, less; **moins grand**, smaller; **dix heures moins cinq**, five to ten; **au moins**, at least
un **mois**, month
moment: au bon moment, opportunely, in the nick of time
le **monde**, world; **tout le monde**, everyone, everybody; **du monde, beaucoup de monde**, lots of people
un **moniteur** (f: **une monitrice**), supervisor
un **monsieur**, gentleman; **monsieur!** sir!
une **montagne**, mountain
monter, to go up; **monter dans, sur**, to get into, onto
une **montre**, watch
montrer, to show
se **moquer de**, to make fun of
un **morceau** (pl: **morceaux**), piece
mort, dead
un **mot**, word; **un petit mot**, a note, short letter, few words
une **moto(cyclette)**, motorbike
un **mouchoir**, handkerchief
moyen, moyenne, average

un **musée**, museum
musicien, musicienne, musical

nager*, to swim
un **nageur** (f: **une nageuse**), swimmer
naître**, to be born
la **natation**, swimming
navré, sorry
né, born
neiger*, to snow
nettoyer*, to clean
neuf, neuve, (brand) new
un **neveu**, nephew
le **nez**, nose
ne... **ni ... ni ...**, neither ... nor ...
niveau: un passage à niveau,
    level crossing
Noël, Christmas
noir, black
une **noix**, nut
un **nom**, name; **nom de plume**, pen
    name, pseudonym
le **nord**, North
une **note**, note; mark (for a piece of
    school work)
notre, nos, our
le **nôtre, la nôtre, les nôtres**, ours
nouveau, nouvelle, new; **de
    nouveau**, again
une **nouvelle**, piece of news
nu, bare, naked; **pieds-nus**, with
    bare feet
un **nuage**, cloud
une **nuit**, night
nul, nulle, no; **ne ... nulle part**,
    nowhere, not anywhere
un **numéro**, number; act (in circus,
    theatre, etc.)

un **objet**, object; **objets de valeur**,
    valuables
obtenir**, to obtain
d' **occasion**, second hand
s' **occuper de**, to take charge of,
    deal with, attend to
un **œil** (pl: **yeux**), eye
offrir**, to offer

une **ombre**, shadow, shade
l' **or** (m), gold; **d'or**, gold(en), made
    of gold
un **os**, bone
ôter, to take off, remove
oublier, to forget
un **outil**, tool
une **ouvreuse**, usherette
ouvrir**, to open

un **panier**, basket
une **panne**, breakdown; **en panne**,
    broken down
un **panneau**, sign, notice
un **pantalon**, (a pair of) trousers
par, by, via; **par-dessous**, under;
    par-dessus, over
paraître**, to appear, seem
un **parapluie**, umbrella
parcourir**, to cover, go up and
    down
un **Pardon**, religious procession
    (traditional in Brittany)
paresseux, paresseuse, lazy, idle
parler, to speak
parmi, between, among
le **parquet**, (parquet) floor
part: de ma part, from me
partager*, to share
participer à, to take part in
particulier: une leçon particulière,
    private lesson, tuition
une **partie de**, game of
partir**, to leave, go away; **à partir
    de**, from
partout, everywhere
parvenir** **à**, to reach
un **passage à niveau**, level crossing
un **passe-temps**, pastime, hobby
passer, to pass; spend (time);
    take (exam); **se passer**, to
    happen
le **patinage**, skating
patiner, to skate
un **pâtissier** (f: **une pâtissière**),
    pastrycook, confectioner
une **pâtisserie**, cake shop

149

un **patron** (f: **une patronne**), boss,
  manager(ess), owner,
  proprietor

la **pause-déjeuner**, lunch-break,
  lunch-hour

un **pays**, country; **le pays de Galles**,
  Wales

le **paysage**, countryside

un **paysan** (f: **une paysanne**),
  countryman, countrywoman,
  farmer

une **pêche**, peach

la **pêche**, fishing

pêcher, to fish

peine: à peine, hardly, scarcely;
  c'est pas la peine, it's not worth
  the trouble

la **peinture**, painting; paint

la **pelouse**, lawn

pendant, during

une **pendule**, clock

penser, to think

une **pension**, guest-house, hotel, bed
  & breakfast establishment

perdre, to lose

un **père**, father

perme: une heure de perme, free
  period, private study period

un **permis de conduire**, driving
  licence

ne ... **personne**, no one, nobody, not
  anyone, not anybody

peser*, to weigh

les **petits-enfants** (mpl), grandchildren

le **pétrole,** paraffin, oil

peu (de), little; **un peu**, a bit; **à peu près,**
  roughly, approximately

la **peur**, fear; **avoir peur**, to be afraid,
  scared

peut-être, perhaps, maybe

une **pharmacie**, chemist's shop

un **pharmacien** (f: **une
  pharmacienne**), chemist

une **pièce**, room; coin; **deux francs
  pièce**, two francs each, apiece

un **pied**, foot; **à pied**, on foot

un **piéton**, pedestrian

une **pincée**, pinch (of salt, etc.)

pire, worse; **le pire**, the worst

pis, worse; **le pis**, worst

une **piscine**, swimming pool

une **place**, seat; square; space

une **plage**, beach

plaindre**, to pity; **se plaindre****,
  to complain

plaire**, to please

plan: au premier plan, in the
  foreground; **à l'arrière plan**, in
  the background

le **plancher**, floor

une **plaque d'immatriculation**,
  registration plate

plat, flat

plein, full; **plein de**, full of; lots of;
  en plein air, in the open air

pleuvoir**, to rain

pleurer, to cry

plier, to fold

un **plombier**, plumber

plu – past participle of **pleuvoir**
  and **plaire**

la **pluie**, rain

plume: un nom de plume, pen
  name

plus, more; **plus grand**, taller; **ne
  ... plus**, no more, no longer

plusieurs, several

un **pneu**, tyre

plaisir: ça me fait plaisir, I enjoy it

une **poche**, pocket; **argent de poche**,
  pocket money

la **pointure**, size (of shoes)

un **poisson**, fish; **poisson d'avril!**
  April fool!

une **poissonnerie**, fish shop

un **poissonnier**, fishmonger

un **pompiste**, (petrol) pump
  attendant

le **pont**, bridge; deck (of ship)

un **porte-bagages**, luggage rack,
  roof rack

un **porte-clés (porte-clefs)**, key-ring

un **portefeuille**, wallet

un **porte-monnaie**, purse

porter, to carry; wear
une portière, door (of vehicle)
poser, to put, place
un poste, job, position, post
la Poste, post office
posséder*, to own, possess
potager: un jardin potager,
   vegetable garden
une poubelle, dustbin
un pourboire, tip
pousser, to push; pousser un cri,
   to cry out, shout
pouvoir**, to be able, can
pratique, useful, convenient
précédent, previous
se précipiter vers, to rush towards,
   over to
prendre**, to take
les préparatifs (mpl), preparations
près de, near (to); à peu près,
   roughly, approximately
(se) présenter, to introduce (oneself)
presque, almost
prêter, to lend
un prétexte, excuse
la preuve, proof, evidence
prévu, foreseen, expected
prier, to ask, request
un prix, prize; price
prochain, next
proche, near
un produit, product
un(e) prof(esseur), teacher
profond(ément), deep(ly)
profiter de, to take advantage of
des projets (mpl), plans
une promenade, walk; emmener en
   promenade, to take for a walk
se promener*, to go for a walk
propre, own; clean
un(e) propriétaire, owner
les provisions (fpl), groceries
les P.T.T. (les P. et T.), Post Office

un quai, platform
quand, when
quant à, as for

un quartier, district, area (of town)
quel(le)(s), which, what
quelque(s), some; quelque chose,
   something; quelque part,
   somewhere
quelquefois, sometimes
quelqu'un, quelques-un(e)s,
   someone, some, some people
une queue, tail; queue; faire la queue,
   to queue (up)
une quincaillerie, hardware shop
une quinzaine (de jours), fortnight
quitter, to leave
quoi? what? il n'y a pas de quoi,
   don't mention it

raccrocher, to hang up (phone),
   replace (receiver)
raconter, to tell, relate
raison: avoir raison, to be right
ramasser, to pick up, collect,
   gather
un rang, row (in cinema, etc.)
ranger, to tidy up, put away
rater, to fail (exam); miss (train)
ravi, delighted
un rayon, department
réagir, to react
un rebord, ledge
une recette, recipe
récemment, recently
recevoir**, to receive
recommandations: faire ses
   recommandations, send one's
   regards
reconnaître**, to recognize
la récréation, break, playtime
récrire**, to write back
réduit, reduced
une reine, queen
rejoindre**, to join
relever*, to raise; help up
remarquer, to notice
rembourser, to repay, pay back
remercier, to thank
remettre**, to give back, put
   back; hand in

une **remise**, shed
remplacer*, to replace
remporter, to take away
(se) **rencontrer**, to meet
un **rendez-vous**, meeting
rendre, to give back; **rendre visite à**, to visit; **se rendre compte de**, to realize; **se rendre à**, to go to
des **renseignements** (mpl), information
la **rentrée**, first day of school year, return to school
rentrer, to return, go back
renverser, to knock over
un **repas**, meal
le **repassage**, ironing
répondre, to reply
se **reposer**, to rest
se **ressaisir**, to recover (from a shock)
un **réservoir**, (petrol) tank
résonner, to reverberate, resound
rester, to remain, stay
retard: en retard, late
retirer, to withdraw; take down (decorations)
retourner, to return; **se retourner**, to turn round
réussir, to succeed
un **rêve**, dream
un **réveil**, alarm clock
(se) **réveiller**, to wake up
revenir*, to return
rêver, to dream
au **rez-de-chaussée**, on the ground floor
un **rhume**, cold
ricaner, to snigger
un **rideau** (pl: **rideaux**), curtain
ne...**rien**, nothing, not anything; **de rien**, don't mention it
rire*, to laugh; **éclater de rire**, to burst out laughing
une **robe**, dress
un **roi**, king
un **roman**, novel; **roman policier**, detective novel

une **roue**, wheel
rouge, red; **du rouge**, red wine
rouler, to drive; move
une **route**, road

le **sable**, sand
sachant que, knowing that
saigner, to bleed
saisir, to grab, seize
sale, dirty
salé, salted
salir, to soil, make dirty
une **salle**, room, ward; **salle d'attente**, waiting-room; **salle à manger**, dining-room; **salle de bains**, bathroom
le **salon**, living-room, lounge
sans, without
sauf, except
sauter, to jump
sauver, to save
savoir*, to know
le **savon**, soap
secours: au secours! help! **la roue de secours**, spare wheel
un **séjour**, stay
le **sel**, salt
selon, according to
une **semaine**, week
sensationnel, **sensationnelle**, fantastic, great, terrific
une **serre**, greenhouse
une **serviette**, towel
servir*, to serve; **se servir** **de**, to use
seul, alone; only, single
seulement, only
si, yes; if; so; **pas si...que**, not as ...as
un **siège**, seat
un **signe**, sign; **faire signe de la tête que oui**, to nod (in agreement)
sinon, if not
la **soif**, thirst; **avoir soif**, to be thirsty
soigner, to treat, look after, tend
soigneusement, carefully
un **soir, une soirée**, evening

le **soleil**, sun

une **somme (d'argent)**, sum (of money)

le **sommeil**, sleep; **avoir sommeil**, to be sleepy

le **sommet**, summit, top

sonner, to ring

la **sonnerie**, bell

une **sortie**, trip

sortir, to go out; get out; take out

soudain, suddenly

souhaiter, to wish

soulagé, relieved

le **soulagement**, relief

soulever*, to raise, lift up

sourire**, to smile

sous, under

souvenir: leur meilleur souvenir, their regards

se **souvenir** **de**, to remember

souvent, often

un **stage**, training course

stationner, to park; **se stationner**, to take up position

un **steak-frites**, steak and chips

un(e) **sténodactylo**, shorthand typist

en **stop**, hitch-hiking

stupéfait, amazed

un **stylo**, (fountain) pen

le **sud**, South

la **Suisse**, Switzerland

la **suite**, rest, remainder; sequel; **une suite de**, a series of; **à la suite de**, following

suivant, following

suivre**, to follow

supplémentaire, additional, further, extra

sûr, sure

surtout, above all, especially

sympathique, nice, kind, pleasant

un **syndicat d'initiative**, tourist office

un **tableau**, picture; (black)board

la **taille**, waist; size

tandis que, whereas, while

tant (de), so much

une **tante**, aunt

tard, late

tel(le)(s), such

tellement, so, so much

le **temps**, time; weather; **à temps**, on time; **quel temps fait-il?** what's the weather like?; **de temps en temps, de temps à autre**, from time to time

tenir**, to hold; **se tenir****, to stand, **tenir en laisse**, to keep on a lead

en **terminale**, in the Sixth Form

la **tête**, head

le **tien, la tienne, les tien(ne)s**, yours

un **timbre (-poste)**, (postage) stamp

tirer, to pull; shoot

un **tiroir**, drawer

toilette: faire sa toilette, to have a wash; **les articles de toilette**, toilet requisites

un **toit**, roof

tomber, to fall; **laisser tomber**, to drop

tort: avoir tort, to be wrong

une **tortue**, tortoise

tôt, early

toucher, to touch; **toucher de l'argent**, to draw out money; **toucher un chèque**, to cash a cheque

toujours, always; still

un **tour**, trick; stroll, walk, run, ride

tourner, to turn; **la tête me tourne**, I feel dizzy

tout, toute, tous, toutes, all, every; **tout de suite**, at once, immediately; **tout à coup**, suddenly; **pas du tout**, not at all; **à tout à l'heure**, see you later

une **traduction**, translation

traduire**, to translate

en **train de**, in the process, middle of

(se) **traîner**, to drag (oneself)

un **trajet**, journey; route, path, course

tranquille, quiet, peaceful; **laisse-moi tranquille!** leave me alone, in peace!

le travail (pl: travaux), work; les travaux pratiques, handicrafts
travailler, to work
à travers, across
traverser, to cross
trébucher, to stumble, trip
trempé (jusqu'aux os), soaked (to the skin)
une trentaine, about thirty, thirty or so
se tromper, to make a mistake, be wrong
trop (de), too much, many
un trottoir, pavement
un trou, hole
trouver, to find; se trouver, to find oneself, be, be situated
à tue-tête, at the top of one's voice
tuer, to kill
un type, F. bloke, chap, guy

unique, only; enfant unique, only child
usé, worn out, threadbare
une usine, factory

les vacances (fpl), holidays
la vaisselle, washing-up
valeur: des objets de valeur, valuables
valoir**, to be worth
vaut – see valoir
la veille, the previous day, evening
un vélo, bike
un vélomoteur, moped
un vendeur (f: une vendeuse), shop assistant, sales assistant
venir**, to come; venir** de, to have just
le vent, wind; être dans le vent, F. to be 'with it'
vérouiller, to bolt
le verre, glass
vers, towards; vers deux heures, at about two o'clock

verse: il pleut à verse, it's pouring with rain
un veston, jacket
un vestiaire, cloakroom
veuillez . . .! would you please . . .!
les vêtements (mpl), clothes
la viande, meat
vide, empty
la vie (scolaire), (school) life
le visage, face
vite, fast
la vitesse, speed; gear; à toute vitesse, at top speed
une vitre, pane; window
une vitrine, (shop) window
vivant, alive
vivre**, to live
voici, here is
une voie, track
voilà, there is
voir**, to see
un(e) voisin(e), neighbour; voisin, neighbouring
une voiture, car; voiture d'enfant, pram
une voix, voice
un volant, steering wheel; badminton
voler, to steal; fly
volontiers, willingly, gladly
votre, vos, your
le vôtre, la vôtre, les vôtres, yours
un voyou, lout, tearaway, yob
vrai(ment), real(ly)
vu – past participle of voir
en vue de, with the intention of

y, there; on it, them; in it, them
y avoir: il y a, there is, are; il y a un mois, a month ago
les yeux (mpl), eyes

zut! damn! blast!

Grammar index